LES GABRIEL

RECHERCHES SUR LES ORIGINES PROVINCIALES

DE CES ARCHITECTES

PAR

Mᵐᵉ G. DESPIERRES

MEMBRE CORRESPONDANT DU COMITÉ DES SOCIÉTÉS DES BEAUX-ARTS

DES DÉPARTEMENTS, A ALENÇON

OFFICIER D'ACADÉMIE

─◄●►─

PARIS

TYPOGRAPHIE DE E. PLON, NOURRIT ET Cⁱᵉ

RUE GARANCIÈRE. 8

1895

LES GABRIEL

RECHERCHES SUR LES ORIGINES PROVINCIALES

DE CES ARCHITECTES

PAR

Mᵐᵉ G. DESPIERRES

MEMBRE CORRESPONDANT DU COMITÉ DES SOCIÉTÉS DES BEAUX-ARTS

DES DÉPARTEMENTS, A ALENÇON

OFFICIER D'ACADÉMIE

PARIS

TYPOGRAPHIE DE E. PLON, NOURRIT ET Cⁱᵉ

RUE GARANCIÈRE, 8

—

1895

LES GABRIEL

A LA MÉMOIRE

DE

M. ANATOLE DE MONTAIGLON
PROFESSEUR A L'ÉCOLE DES CHARTES

A

M. CHARLES DE GRANDMAISON
ARCHIVISTE HONORAIRE D'INDRE-ET-LOIRE

Son ami,

Hommage respectueux,

G. D.

Paris, 8 septembre 1895.

LES GABRIEL

RECHERCHES SUR LES ORIGINES PROVINCIALES

DE CES ARCHITECTES

PAR

Mme G. DESPIERRES

MEMBRE CORRESPONDANT DU COMITÉ DES SOCIÉTÉS DES BEAUX-ARTS

DES DÉPARTEMENTS, A ALENÇON

OFFICIER D'ACADÉMIE

PARIS

TYPOGRAPHIE DE E. PLON, NOURRIT ET Cie

RUE GARANCIÈRE, 8

—

1895

LES GABRIEL

RECHERCHES SUR LES ORIGINES PROVINCIALES

DE CES ARCHITECTES

Il y a deux ans, nous avons eu l'honneur de vous parler de Maurice Gabriel, constructeur et décorateur de la charmante chapelle de la chanoinerie de Carrouges.

Sous la dénomination d'architecte d'Argentan, il fut chargé, de 1632 à 1647, de restaurer le château de Jacques Le Veneur, comte de Carrouges.

Le nom de Gabriel, cité maintes fois dans la notice publiée par nous en 1893, ne pouvait manquer de nous remettre en mémoire celui de ces fameux architectes auxquels on doit, à Paris, le pont Royal, les colonnades de la place de la Concorde, l'École militaire, et tant d'autres travaux importants aussi bien à Paris qu'en province.

Nous nous sommes même demandé s'il n'y avait point entre ces Gabriel d'Argentan et les Gabriel de Paris quelque lien de parenté.

Déjà, en 1878 (*Bulletin de la Société de l'Art français*), M. A. de Montaiglon soulevait la question d'origine des Gabriel de

Paris et demandait s'il n'était pas possible de les rattacher à une famille d'architectes de ce nom établis en Touraine. Nous lui empruntons les lignes suivantes : « Parmi les familles les plus « fréquemment honorées du parrainage de Racan, de sa femme et « de ses enfants, on peut remarquer une famille Gabriel, dont les « chefs sont d'abord qualifiés maçons, puis tailleurs de pierre et « plus tard architectes. De cette famille sortirent, du vivant de « Racan, Jacques et Louis Gabriel, nés à Saint-Paterne, qui se dis-« tinguèrent à Paris comme architectes. Jacques, devenu architecte « du Roi, fut chargé de bâtir le château de Choisy et commença la « construction du pont Royal. Son fils, nommé comme lui Jacques, « fut l'un des continuateurs du Louvre; enfin, on doit à Jacques-« Ange, fils de ce dernier, né en 1710 [1], les bâtiments de l'École « militaire et les colonnades de la place de la Concorde (CHALMEL, « *Histoire de Touraine*, t. IV).

« Dans une lettre à Chapelain (lettre 11 de l'édition de Tenant « de Latour), Racan fait un singulier usage de son maître maçon : « Il faut que je ménage le temps qui me reste, dit-il, pour mettre « mon *Cantique de Judith* au net; je le viens d'achever, et je vous « l'enverrais si j'avais mon maître maçon pour le transcrire. » « Ainsi le maître maçon faisait office de secrétaire. Selon toute « apparence, c'est cette famille Gabriel qui a construit, sous la « direction de quelque habile architecte, le château de La Roche, « et elle a dû y gagner elle-même ses crayons d'architecte.

« Le château fut édifié vers 1634. M. Lance dans son *Diction-« naire des architectes français*, M. Lot dans l'un des volumes de « documents de notre Société, ont déjà très avancé la généalogie « très compliquée de la famille des Gabriel. Mais la question d'ori-« gine n'est pas encore éclaircie; est-elle réellement tourangelle, « comme l'affirme M. de Sourdeval? Est-ce une seule famille ou « deux familles d'architectes? Il faudrait pour cela étudier à ce « point de vue les registres de Saint-Paterne, établir d'après eux la « généalogie des Gabriel de Touraine et arriver à les relier très « exactement avec les Gabriel de Paris. »

Dans les *Archives de l'Art français* divers articles ont été

---

[1] Chalmel se trompe. Ange-Jacques Gabriel fut baptisé le lendemain de sa naissance, à l'église Saint-Eustache de Paris, le 24 octobre 1698. Voir *Bulletin de la Société de l'Art français*, 1876.

insérés; nous avons consulté les auteurs qui nous semblaient les plus accrédités, Lance, H. Lot, etc. Au milieu de ces lectures contradictoires nous n'avons point tardé à nous apercevoir que nous avancions sur un terrain glissant qui, peut-être, ne pouvait tarder à se dérober complètement. Voici, du reste, le résumé des recherches connues sur les Gabriel et publiées par les *Archives de l'Art français* en 1891 (bulletin de février et mars), articles de M. J.-J. Guiffrey : « Depuis que Lance a tenté le premier de faire la lumière « dans la généalogie embrouillée de cette dynastie d'architectes « portant tous le même prénom, bien des pièces ont été mises au « jour, bien des faits inconnus découverts; il s'agirait maintenant « de les classer et de les grouper pour ne pas s'exposer à des « redites et à de nouvelles confusions.

« Dans une notice d'une critique serrée[1], M. H. Lot, grâce aux « documents publiés par M. Bouriat, propriétaire de l'ancien « domaine des Gabriel, à Villeneuve-Saint-Georges, grâce aussi « aux pièces recueillies aux Archives, est parvenu à fixer d'une « manière définitive plusieurs points importants : 1° *Jacques* « *Gabriel,* le premier connu, celui qui travaillait aux travaux de « Versailles dès 1668, est mort à la fin de 1686, dans les derniers « jours d'octobre ou au commencement de novembre. 2° Il laissait « une fortune considérable pour l'époque, soit près de 400,000 liv., « représentant aujourd'hui plus du triple. 3° Sa veuve, Marie de « l'Isle, parente des Mansard, épousa en secondes noces Gilles de « Juigné. 4° Le fils de l'architecte mort en 1686, Jacques Gabriel, « né le 6 avril 1667, d'après Lance, fut émancipé à la suite d'un « avis de parents, rendu le 3 juillet 1687, pour lui permettre d'ac- « quérir la charge de contrôleur général des bâtiments devenue « vacante par la mort de Michel Hardouin.

« Tous ces points sont définitivement acquis. En voici d'autres « aussi certains : Le fils de Jacques Gabriel, Jacques-Ange, le plus « illustre représentant de la famille, l'auteur des belles construc- « tions de la place de la Concorde et de l'École militaire, était né « en 1699, suivant certains auteurs; mais cette date avait été con- « testée, et Lance n'avait pu tirer la question au clair. Depuis « l'impression de son *Dictionnaire,* nous avons retrouvé et publié

« l'acte de baptême de Jacques-Ange ; cet acte fixe sa naissance au
« jeudi 23 octobre 1698. Il fut baptisé le lendemain à Saint-Eus-
« tache et eut pour parrain son grand-père Mathurin Besnier, et
« pour marraine Marie de l'Isle, la mère de son père.

« Remarquons en passant que dans toutes les pièces authenti-
« ques publiées de divers côtés, avis de parents, actes de bap-
« tème, etc., l'architecte né en 1667, que tous les biographes s'ob-
« stinent à appeler *Jacques Jules,* ne porta jamais que le prénom
« de *Jacques,* comme son père ; de là des confusions incessantes.
« C'est le seul nom qui lui soit donné dans les lettres d'anoblisse-
« ment qui lui furent accordées en mai 1704, lettres que nous
« avons jadis publiées [1], aussi bien que le brevet de chevalier de
« Saint-Michel qui lui fut accordé en 1722... Jusqu'ici, les auteurs
« cités ont bien débrouillé la biographie des trois derniers Gabriel ;
« mais aucun d'eux n'est remonté plus haut, et les origines de l'en-
« trepreneur de Versailles sont encore enveloppées d'une profonde
« obscurité. Des questions, posées dès 1878 par M. de Montaiglon
« et M. de Grandmaison sur une tradition qui ferait venir de Tours
« la famille des Gabriel sont toujours restées sans réponse. Il nous
« reste à rectifier quelques-unes des hypothèses suggérées à Henri
« Lot pour l'examen des pièces publiées par lui. Il suppose que
« Maurice Gabriel, cousin paternel, cité dans l'acte d'émancipation
« de 1687, serait fils d'un autre Maurice, frère problématique du
« premier *Jacques.* Pourquoi introduire ici un personnage dont
« aucun document ne révèle l'existence, quand il est si simple d'ad-
« mettre que Maurice est le fils de *Charles Gabriel,* cet oncle
« paternel qui comparait aussi dans le conseil de famille du
« 3 juillet 1687 ? Dès cette époque, *Maurice Gabriel,* plus âgé que
« son cousin, — il était majeur en 1687, comme sa présence au
« conseil de famille le prouve, — était chargé de travaux considéra-
« bles dans les bâtiments, et son nom revient fréquemment dans les
« comptes à partir de 1686. Il aura obtenu de Jules Hardouin la
« succession du *premier Jacques Gabriel ;* car, dès l'année 1686,
« il reçoit un payement de près de 300,000 livres pour les travaux
« de la place Vendôme, et une somme égale l'année suivante, sans
« préjudice des sommes payées pour ses ouvrages à Versailles et

---

[1] *Revue historique et nobiliaire* de DUMOULIN, 1873, tirage à part.

« aux Réservoirs, *Maurice Gabriel*, probablement fils de *Charles*,
« aussi architecte et entrepreneur des bâtiments du Roi, est donc un
« personnage d'importance, au moins comme entrepreneur. »

« Autre sujet de confusion : dans l'acte d'émancipation de 1687,
« le curateur du mineur est un *Jacques Gabriel*, cousin du *de
« cujus*, également architecte et entrepreneur des bâtiments du Roi.
« Henri Lot a fait figurer dans son tableau généalogique ce *Jac-
« ques Gabriel* comme frère du Jacques mort en 1686. C'est inad-
« missible pour deux motifs : il est qualifié dans notre acte de
« cousin et non d'oncle. Peut-être était-il frère de *Maurice* [1], dont
« on vient de parler, et fils de *Charles*. La seconde raison pour
« repousser la parenté proposée par Henri Lot est que, quelle que
« fût la prédilection de l'auteur des Gabriel pour le prénom de
« Jacques, il ne l'eût pas donné à deux frères, sous peine de con-
« fusion perpétuelle, tandis qu'il est tout naturel que *Jacques* le
« père, après avoir transmis son prénom à son fils, l'ait aussi donné
« à un neveu dont il était peut-être le parrain. Il reste maintenant
« à élucider les origines de la famille Gabriel. D'après le livre de
« M. de Grandmaison sur les artistes de la Touraine, elle aurait eu
« son berceau dans le bourg de Saint-Paterne, aux environs de
« Tours ; mais on est jusqu'ici réduit aux hypothèses, et il serait
« utile d'entreprendre des recherches sérieuses sur ce point. »

On voit que s'il est des points précis, bien d'autres demeurent
incertains ou non acquis à l'histoire. En effet, comment se recon-
naître dans toutes les probabilités émises dans le *Dictionnaire* de
Lance, qui le premier a essayé d'éclaircir ces origines si obscures?
H. Lot, de son côté, a publié des documents des archives pas assez
nombreux pour établir sûrement les liens de parenté. Tant qu'au
Dictionnaire de Bauchal [2], nous ne le citons que comme mémoire

---

[1] Par les documents que nous publions, il est certainement frère de Jacques,
époux de Marie Fontaine; mais rien ne prouve qu'il soit fils de Charles. Au contraire, tout semble indiquer que Jacques et Maurice sont issus d'un autre Maurice.

[2] Cet auteur, dans son *Dictionnaire biographique et critique des architectes
français*, publié en 1887, dit que Lance a tout confondu, ignorant les conseils de
famille ou avis de parents conservés aux Archives et publiés pour la première
fois par Henri Lot en 1876. Heureusement que Lance ignorait les conseils de
famille tenus en 1686 et 1687, car s'il les eût interprétés comme Bauchal, nous
ne savons quels noms fantaisistes seraient sortis de sa plume. Où Bauchal a-t-il
trouvé : *Charles Gabriel, probablement* fils de Maurice; *François-Maurice
Gabriel, probablement* frère de Jacques, etc.? Ces noms ne figurent dans aucun

aussi ; vu l'insuffisance de documents, on ne pouvait dresser un arbre généalogique des Gabriel.

Nous avions pensé trouver, dans une notice qui vient de paraître, des renseignements *précis* et *nouveaux*, d'autant qu'elle était le résultat d'un concours [1] ; là aussi nous avons retrouvé la même généalogie que celle donnée par Bauchal. Pourquoi admettre que Charles Gabriel soit frère de Maurice, quand *aucun* document ne peut même le faire supposer ? Nous serons rapide dans l'exposé des longues et minutieuses recherches que nous avons faites en vue de cette session.

En 1600, le 1er avril, habitait à Argentan (Orne) un architecte nommé *Jacques Gabriel;* sa présence est signalée dans un acte notarié relatant un marché passé « entre Maistre Maurice de « Droulin, seigneur des lieux de Chanteloup, Mesnil-Glaise, etc., « et Maistre Gilles Lépron, cherpentier ». Ce dernier s'obligeait envers ledit seigneur de lui faire : « La cherpentrie d'un corps « de logis flanqué de deux pavillons, au lieu d'Avoynes (près « d'Ecouché, Orne), le tout suivant le devis et pourtraict qui en a « esté faict... et ce pour la somme de cent douze escus, trois escus « de vin, une pipe de cildre et le logement des ouvriers... En pré- « sence de Maistre *Jacques Gabriel architecte, demeurant à* « *Argentan.* » (Tabellionage d'Argentan.)

Jacques Gabriel était sans doute l'architecte de Maurice de Droulin, et c'est à ce titre assurément qu'il assistait au marché de la charpenterie du château d'Avoynes.

Depuis combien de temps était-il établi architecte à Argentan ?

Son mariage dans cette ville est antérieur au 18 décembre 1600 [2]; il avait épousé Marie Duno, « fille de deffunt maistre André Duno, couvreur [3], et de Advertine Godard ».

La veuve Duno vendait, le 10 septembre 1601, « une pièce de « terre située en la campagne d'Alençon joignant d'une part le

---

acte des Archives nationales, que nous avons cependant compu'sés avec soin.

[1] *Pages d'histoire : les œuvres et la vie de l'architecte Gabriel,* 1710-1782. (*Société des Études historiques,* 1893.)

[2] Marie Duno, femme de Jacques Gabriel, était marraine, le 18 décembre 1600, de Anne Olivier, fille de l'architecte, baptisée à Argentan.

[3] Jean et Jacques Duno frères, fils et héritiers de deffunct maistre André Duno, vivant maistre couvreur. s'engagent de couvrir d'ardoises toutes les choses et parties contenues au contrat fait avec le dit deffunct au sujet du château de Silly. (Tabellionage d'Argentan, 18 décembre 1597.)

« chemin tendant du pont de Fresne à Alençon [1], en présence de
« Jacques Gabriel [2]; il était alors son gendre ».

Nous savons, d'après l'abbé Laurent et Delaquerière, que sur les
plans de Jacques Gabriel, architecte d'Argentan, s'élevèrent,
en 1604, les maisons et boutiques construites sur l'emplacement
du vieux cimetière de cette ville, et que furent édifiés à Rouen les
bâtiments de l'ancien Hôtel de ville, dont la première pierre fut
posée le 28 juin 1607.

En 1609, il travaillait à Argentan à la construction des voûtes
du collatéral tournant du chœur de l'église Saint-Germain. Il s'était
trouvé en concurrence, pour ce travail, avec Guillaume Cresté,
architecte [3]. Ce dernier était-il également d'Argentan? Il achetait,
en 1601, une maison sise rue de la Poterie; et nous le trouvons
encore signant comme témoin en 1628, le 27 janvier. Il devait
être très vieux, car sa signature n'est plus reconnaissable, tellement
elle est tremblée. Voici celle que nous trouvons à son achat de
maison, planche I, figure I.

Guillaume Cresté, architecte, avait été, avec son confrère Olivier [4],
chargé, en 1596, de dresser les plans des travaux qui restaient à
faire à l'église Saint-Germain d'Argentan. Pour salaire de trois
jours qu'ils employèrent à ce travail, ils reçurent onze livres
quinze sols, et, pour vin de marché, trois livres quinze sols. Les
officiers de la ville s'engagèrent en outre à leur donner une grati-
fication de neuf livres. En 1598 et 1599, ils dirigèrent l'exécution
des travaux dont ils avaient fourni les plans, et reçurent pour salaire,
Cresté trente-trois livres par mois, et Olivier vingt-cinq livres.

---

[1] Le Pont du Fresne est situé commune de Damigny, arrondissement d'Alençon.
[2] On trouve dans les registres des notaires d'Argentan un Jacques Gabriel, fils
de Robert, de la paroisse de Lonlay-le-Tesson (Orne, arrondissement de Domfront,
canton de la Ferté-Macé), qui vend, avec Gabriel Bellenger, 50 livres de rente à
Noble Guillaume de Vigneral, le 11 janvier 1610. Ce Jacques est-il celui dont
nous nous occupons?
[3] Guillaume Cresté, dont le nom se trouve dans le *Dictionnaire* de LANCE,
était encore architecte à Argentan le 27 août 1628; il a dû mourir dans cette
ville. Sa veuve s'y remaria, le 3 février 1636, à Jacques Le Fessier. (Registres
d'Argentan.)
[4] Thomas Olivier, architecte à Argentan, en 1596, avait épousé Perrine Letel-
lier. Leur fille, Anne Olivier, baptisée le 18 décembre 1600, eut pour marraine
Marie Duno, femme de Jacques Gabriel, aussi architecte à Argentan. (Registres
de Saint-Germain d'Argentan.)

Cresté construisit, en 1606, pour le prix de mille livres, les arcs-boutants du chevet de l'église. L'année suivante, il fit la voûte du chœur et reçut, pour ce dernier travail, six cent soixante-dix-huit livres. (L'abbé LAURENT, *Histoire de l'église Saint-Germain d'Argentan ;* et DELAQUERIÈRE, *Étude sur l'ancien Hôtel de ville de Rouen.*)

Nous relevons sur les registres d'Argentan quatre naissances d'enfants issus de Jacques I Gabriel, architecte à Argentan, et de Marie Duno, à savoir :

1° Maurice I Gabriel, baptisé le 25 juillet 1602. Il eut pour parrains « maistre Maurice de Droulin, seigneur de Chanteloup, « Mesnil-Glaise, Avoynes, etc., advocat au vicomté d'Argentan et « d'Exmes, lequel a imposé le nom ; maistre François Gabriel [1] et « demoiselle Catherine Avesgo, femme de noble Pierre de Saint-« Clair, advocat ».

Nous devons voir dans la présence et acceptation au baptème de personnes aussi nobles, et dont les titres avaient autrefois tant de valeur, une marque de grande estime pour Jacques I Gabriel.

2° Jacques II Gabriel, baptisé le 16 octobre 1605, nommé par Pierre Lami, qui a imposé le nom ; Noël Facet et Advertine Godart, veuve de maistre André Duno.

3° Perrine Gabrielle, baptisée le 18 juillet 1608, nommée par Catherine Le Mouton et honnète homme Gilles Biard, l'ainé, sieur du Rocher, et Perrine Duno, femme de Noël Facet.

4° André Gabriel, « fils de maistre Jacques Gabriel, masson », baptisé le 2 novembre 1610, nommé par honnète homme Jehan Matrop, fils d'Estienne, qui a imposé le nom ; Denis Meslay et Marie Badouère, fille de Jacques.

Jacques Gabriel, premier du prénom, architecte à Argentan, était décédé avant le 7 janvier 1628 [2]. Sa signature est reproduite pl. I, fig. 2.

Malgré nos investigations, nous n'avons pu découvrir l'acte de

---

[1] Le degré de parenté de maître François Gabriel (sans doute aussi architecte) n'est point indiqué dans l'acte de baptême ; est-il le grand-père ou l'oncle de l'enfant ? Nous pensons pouvoir établir d'ici peu, en poursuivant nos recherches, de quelle contrée sont les ancêtres de Jacques I Gabriel.

[2] Marie Duno, *veuve* de maître Jacques Gabriel, architecte, était marraine, le 7 janvier 1628, de Jacques Facet, fils d'André. (Registres d'Argentan.)

partage de ses biens; deux de ses fils, Jacques II et André, nés à Argentan, ne figurent pas sur les registres des notaires. Aucun acte ne peut nous laisser entrevoir ce qu'ils sont devenus, à l'exception d'un contrat de mariage d'une fille de Maurice I Gabriel, reconnu en 1651 à Argentan, en présence d'un *Jacques Gabriel, architecte, demeurant à Saint-Paterne* en Touraine. (Pièce justificative E.) C'est probablement celui né en 1605.

Quant à Maurice I Gabriel, il resta à Argentan, et succéda à son père, comme architecte, dans la contrée. Ce titre d'architecte, il le portait déjà le 4 octobre 1628 [2]; il n'avait alors que vingt-six ans.

Il épousa, à Argentan, Catherine Richard, fille de Mary Richard et de Marie Le Fessier, bourgeois d'Argentan. Leur contrat fut reconnu devant les notaires de cette ville, le 28 juillet 1632. (Pièce justificative A.) Leur premier enfant, une fille, reçut le baptême le 12 mai 1633 [3].

Dans les actes, Maurice I est indifféremment qualifié de « maistre « masson [4], de maistre sculpteur [5] et de maistre architecte ».

[1] On disait alors Saint-Pater. Ce charmant pays, arrosé par l'Écotois, a été illustré par la célébrité du poète des *Bergeries*, Honorat de Bueil, seigneur de Racan, dont le château, situé sur le bord d'un coteau aplani en terrasse, fut bâti, dit-on, par un Gabriel. Nous trouvons en effet « Jacques Gabriel, masson, demeurant à présent (le 24 décembre 1638) paroisse de Saint-Pater ». Le château qu'a si bien décrit M. de Sourdeval appartient aujourd'hui à M. Gautier, de Paris.

Dans la notice si concise de M. de Sourdeval publiée dans le *Bulletin de la Société d'Agriculture, Sciences, Arts et Belles-Lettres d'Indre-et-Loire*, l'auteur contredit avec raison Tallemant des Réaux prétendant que le premier des de Bueil qui avait porté le surnom de Racan était le poète du dix-septième siècle. Une quittance du 26 janvier 1572, conservée à la Bibliothèque nationale, pièces originales 549 et 550, dont un volume est entièrement consacré aux de Bueil, est ainsi conçue : « Louis de Bueil escuier sieur de Racan Enseigne de la compagnie des soixante lances des ordonnances dont a la charge M. le duc de Montpensier a reçu 250 liv. pour son quartier comme homme d'armes. »

[2] « 1628. Le 4 octobre, baptême de Marie Duno, fille d'André et de Françoise Bernier, nommée par Advertine Duno, femme de Guillaume Provost, et Maistre Maurice Gabriel, architecte. »

[3] Voir, pour son baptême, les enfants de Maurice I Gabriel, p. 488.

[4] « 1631. 29 janvier, baptême de Jacques Guiboult, fils de Jean et de Perrine Gabriel, nommé par Maurice Gabriel, *masson*, et Magdaleine Guiboult, femme de Jacques Bigot, de la paroisse de Fontaines. »

[5] « 1645. 12 juin, baptême de Anne Gabriel, fille de Maurice Gabriel, maistre structeur, architecte, et de Catherine Richard, nommée par Anne Le Frecyer, femme de Jean Pitrouil, peintre, et Marie Le Charpentier. »

Maurice I Gabriel, le 29 novembre 1631, fit marché pour achever le gros clocher de l'église Saint-Germain d'Argentan; il recevait pour ses honoraires vingt-cinq sols par jour avec liberté de consacrer deux heures par chaque jour aux ateliers qu'il pourrait entreprendre [1].

Dès 1634, il était occupé comme architecte au château de Carrouges, ainsi que nous l'avons établi dans un précédent mémoire [2].

Tout ce que son ciseau de manouvrier a fouillé, tant au château de Carrouges qu'à la charmante petite chapelle de la chanoinerie, suffit pour qu'à la dénomination de *maistre masson* on puisse lui adjoindre celle d'adroit *sculpteur*.

Maurice I Gabriel, architecte, natif d'Argentan, mourut du 28 juillet au 3 novembre 1649, âgé seulement de quarante-sept ans.

Nous ne savons si son inhumation eut lieu à Argentan, car il possédait une propriété, qu'il agrandissait encore peu de temps avant sa mort, dans la paroisse de Tournay-sur-Dives [3]. Les registres de cette paroisse n'existent plus avant 1660.

La dernière signature de Maurice I Gabriel, relevée sur les registres, est du 28 juillet 1649; elle est un peu différente du seing qu'il apposait ordinairement et que nous donnons, planche I, figure 3; la figure 4 est le *fac-simile* de sa dernière signature.

Sur les registres de l'église Saint-Germain d'Argentan, nous avons relevé sept naissances d'enfants de Maurice I Gabriel et de Catherine Richard; elles sont :

1° Louise Gabriel, baptisée le 12 mai 1633; elle épousa Guillaume Letort, architecte [4]; leur contrat fut reconnu, le 25 septembre 1651, devant les notaires d'Argentan. (Pièce justificative E.)

2° Marie Gabriel, baptisée le 31 juillet 1634, mariée à Louis

---

[1] L'abbé LAURENT, *Histoire de l'église Saint-Germain d'Argentan*.

[2] *Réunion des Sociétés des Beaux-Arts*, 1893.

[3] Tournay-sur-Dives, arrondissement d'Argentan, canton de Trun (Orne). Du mois de mai 1649 au 28 juillet de la même année, Maurice Gabriel faisait des achats de terre consécutifs, et, le 3 novembre 1649, c'est Catherine Richard, veuve de Maurice Gabriel, architecte, tutrice de ses enfants, qui achète à son tour quatre pièces de terre sises paroisse de Tournay, de Vincent Davoult, sieur de La Planche. (Tabellionage d'Argentan.)

[4] Le nom de Guillaume Letort ne figure pas dans le *Dictionnaire des architectes français*, par LANCE.

Bence, par contrat du 22 février 1656, reconnu devant les notaires d'Argentan le 26 août 1662.

3° Jacques III Gabriel, baptisé le 10 mai 1637, eut pour marraine sa grand'mère, Marie Duno, veuve de maistre Jacques I Gabriel, architecte. Il habitait Paris en 1666, où il était architecte.

4° Maurice II Gabriel, baptisé le 3 novembre 1639; il était également architecte à Paris en 1666. (Consulter le document B des Pièces justificatives.)

5° Jean Gabriel, baptisé le 18 mars 1642, architecte à Paris en 1666, comme Jacques et Maurice ses frères.

6° Anne Gabrielle, baptisée le 20 mars 1644.

7° Anne Gabriel, baptisée le 12 juin 1645 [1].

Anne Gabriel épousa Jean Bence le 7 décembre 1668. Leur contrat (pièce justificative B), fait le 26 juillet 1666, reconnu et déposé chez les notaires d'Argentan le 30 janvier 1669, contient un paragraphe dans lequel Catherine Richard, veuve de maistre Maurice I Gabriel, architecte, se fait fort de faire ratifier par *Jacques III*, *Maurice II* et *Jean Gabriel, architectes, bourgeois de Paris, ses enfants*, les promesses de mariage contenues dans le contrat de leur sœur, et qu'ils signèrent ainsi : planche I, figure 5, signature de Jacques; figure 6, signature de Maurice; figure 10, signature de Jean; cette dernière se trouve plusieurs fois sur les registres de paroisse après 1666.

Les trois frères devaient habiter Paris depuis plusieurs années : leur titre de *bourgeois de cette ville* nous renseigne suffisamment à cet égard. Leur mère demeura, comme par le passé, à Argentan, où elle décéda le 18 janvier 1672, à l'âge de soixante ans. Elle fut inhumée le lendemain dans l'église Saint-Germain d'Argentan.

Jacques II Gabriel et Maurice I Gabriel, fils de Jacques I Gabriel, natifs d'Argentan, doivent-ils être considérés comme faisant partie de la souche de laquelle est sortie la famille si célèbre des Gabriel, architectes à Paris, dont l'origine a tant éveillé la curiosité des chercheurs dans ces dernières années? Par les signatures apposées au bas du contrat de Jean Bence, grâce à celles qui, vingt ans plus tard, figurèrent sur les actes d'émancipation des enfants de

[1] On trouve fréquemment, dans les vieux documents, deux frères ou deux sœurs portant le même prénom, et pour les distinguer on disait l'aîné ou le jeune; maint exemple pourrait être cité à l'appui de cette assertion.

Jacques IV Gabriel et de Marie Delisle, il ne subsiste aucun doute dans l'esprit, elles n'ont pu être tracées que par les seules et mêmes personnes.

Or, dans ces actes, Jacques III et Maurice II Gabriel sont dits cousins des mineurs et nommés leur curateur. (Les fig. 8 et 9 de la pl. I, sont les fac-simile des signatures de Jacques et de Maurice, relevées dans ces actes. Nous les avons placées au-dessous de celles faites par eux, en 1666, au contrat de Jean Bence leur beau-frère.) Dans les avis de parents de 1689, ils sont même dits cousins germains des mineurs [1]. Il y a là assurément une faute, puisque Jean Bence, sieur de Prebisson, aussi du conseil de famille, est désigné comme cousin issu de germain à cause de *Anne Gabriel sa femme* [2].

[1] Avis Gabriel, Archives nationales, Y. 4016. « Du 5 novembre 1689. Parents réunis pour Marie Anne Gabriel, fille de def. Jacques Gabriel, architecte ordinaire du roy, et de Marie Delisle, a present femme de Gilles de Juigné, escuier. La dite dame de Juigné à l'effet de présenter François Gabriel, bourgeois de Paris, frère de la dite Marie Anne, Jacques Gabriel, architecte, bourgeois de Paris, Maurice Gabriel, architecte des bastimens du roy, *cousins germains* du costé paternel, Pierre Levé, architecte du roy cousin du costé paternel, Maistre Jules Hardouin Mansard, chevalier de l'ordre du Mont-Carmel et Saint Jean de Jherusalem, conseiller du roy, intendant et ordonnataire des Bastiments, Jardins, manufacture de France et premier architecte des Bastiments de Sa Majesté, cousin maternel issu de germain, Jacques Rillart, escuier conseiller du roy, maison et couronne de France et de ses finances, allié, Maistre Charles Chenuel, conseiller du Roy, controleur des rentes du clergé, amy, et Gabriel Blanchard, peintre ordinaire du Roy, professeur en son accademye Royalle de peinture, sculture, aussi amy; tous ont demontré que la dite fille avoit presque fini son année de noviciat au monastère des bénédictines de bon secours, et y a pris habit; et, comme elle a du bien de deffunt son père, il seroit injuste qu'elle soit à charge à son couvent et étant d'une faible complexion et de peu de santé elle auroit besoin de faire faire au dit couvent pour se loger quelques ouvrages de massonneries et de menuiserie et auroit demandé qu'on lui donne un tuteur et qu'on lui assure une rente viagère sa vie durant seulement de cinq cens francs par an et huit mil livres pour accommoder son logement et sa prise d'habit, ont nommé son frère François Gabriel, âgé de vingt-cinq ans accomplis. »

[2] Archives nationales, Y 4018. « Le 19 avril 1690 ont comparu les parents et amis de Marie Denise Gabriel, épouse de Jean Rillart, dont le contrat fut passé le 22 décembre 1682, Jacques Gabriel, architecte, bourgeois de Paris, et Maurice Gabriel, architecte des Bastiments du Roy, *cousins germains* paternels, Jean-Baptiste de Prébisson, bourgeois de Paris, *cousin issu de germain* paternel à *cause de Anne Gabriel sa femme*, sont d'avis que la dame Rillard reçoive cinq mil livres qu'elle passe à Maistre *François Gabriel* son frère et à Marguerite de Palm son épouse, pour estre employées au remboursement de vingt mille livres qu'ils doivent pour l'acquisition qu'ils ont faite de l'office de conseiller du roy

Fig. 1

Fig. 6

Fig. 11

Fig. 12

Fig. 2

Fig. 7

Fig. 13

Fig. 3

Fig. 14

Fig. 4

Fig. 8

Fig. 15

Fig. 16

Fig. 9

Fig. 5

Fig. 10

Fig. 17

SIGNATURES DES GABRIEL

En effet, Jean Bence avait épousé, le 7 décembre 1668, à Argentan, comme nous l'avons vu précédemment, Anne Gabriel, sœur de Jacques, de Maurice et de Jean Gabriel, architectes à Paris en 1666. (Pièce justificative B.)

De plus, Jacques III Gabriel, architecte à Paris, cautionna pour la construction du pont Royal Jacques IV Gabriel, époux de Marie De Lisle, *son cousin*. Étant *cousin du père,* Jacques III ne pouvait être *cousin germain* des enfants [1].

Répudier après cela les liens qui réunissent les Gabriel d'Argentan aux Gabriel de Paris, ce serait faire trop peu de cas vraiment de coïncidences qui, par leur nombre, apportent dans la question une quasi-certitude.

Mêmes prénoms, mêmes signatures. Nous pouvons dire aussi même date de naissance, car Jacques Gabriel, architecte, entrepreneur des bastiments du Roi, juré expert, époux de Anne Fontaine et que nous avons vu tuteur des enfants de Jacques IV Gabriel et de Marie Delisle, et qui fut inhumé dans l'église Saint-Paul à Paris, était, d'après son épitaphe, né en 1637 [2]; or Jacques III Gabriel, fils de Maurice I, fut baptisé à Argentan le 10 mai 1637.

Ajoutons, mais c'est au delà du nécessaire, qu'il faudrait admettre, dans chacune de deux familles différentes, l'existence d'une Anne Gabriel, épouse d'un nommé Jean Bence sieur de Prebisson.

Maurice II Gabriel, architecte, entrepreneur des bastiments du Roi, était associé pour un tiers avec Jacques IV Gabriel, pour les constructions du château de Versailles, et avait acheté de moitié

Receveur général et payeur de la deuxième partie du clergé de France... Le 14 février 1690. » Dans une feuille annexée, Jean-Baptiste de Prébisson est encore ainsi désigné : « Jean Bence de Prebisson, bourgeois de Paris, *cousin issu de germain* à cause de Anne Gabriel, sa femme. »

[1] Dans la plus grande partie des avis de famille, Jacques et Maurice Gabriel sont dits seulement cousins paternels; dans le compte de tutelle que Marie de Lisle rend à ses enfants en 1689, où tous ces actes sont cités, dans aucun ils ne sont dits cousins germains; elle-même désigne Jacques III Gabriel comme cousin de son mari. On ne peut donc tenir compte de ces contradictions. Ce qui est certain, c'est qu'ils sont cousins, et par conséquent les Gabriel d'Argentan sont de la même famille que ceux de Paris.

[2] Dans l'*Épitaphier de Paris* (église Saint-Paul, à Paris) est une mention ainsi conçue : « Sépulture de Jacques Gabriel, architecte, ancien marguillier de cette paroisse, décédé le 22 août 1697, âgé de 60 ans, et d^lle Anne Fontaine, veuve du dit sieur Gabriel, décédée le 8 avril 1712, âgée de 71 ans. » (*Archives de l'Art français*, et Bibliothèque nationale, manuscrits, fonds français, 8220.)

2

avec lui, le 12 avril 1683, une maison « sise rue du vieux Ver-
« sailles, où pendait pour enseigne la reine d'Espagne ».

D'après un règlement de compte fait avec Jacques IV en 1683,
il était dû à Maurice Gabriel 3,122 livres; cette somme fut ajoutée
à celle de 11,000 livres qu'il versa pour payer sa part des erreurs
relevées par le Roi sur les travaux exécutés par les trois associés [1].
Mais Maurice Gabriel prenait aussi en son nom seul l'entreprise de
travaux, le 18 décembre 1685; il promettait d'achever les quatre
réservoirs sur la butte de Montboron et de faire les murs de clô-
ture pour l'entourer [2].

En 1686, Maurice Gabriel reçoit près de 300,000 livres pour les
travaux de la place Vendôme. En 1688, un acompte lui est donné
pour le bâtiment de l'église paroissiale de Versailles. Du 4 janvier
au 26 décembre 1688, Maurice Gabriel, entrepreneur, reçoit,
pour ses ouvrages de maçonnerie au nouveau couvent « des capu-
« cines de l'Hostel Vendosme et à la place Royalle dudit hostel,
« 188,386 livres 2 sols 6 deniers en vingt-neuf payements [3], etc. ».

Le 21 février 1697, Maurice II Gabriel, architecte, entrepreneur
des bâtiments du Roy, réunit ses parents et amis pour faire obtenir
à ses enfants, Maurice III et Marie-Anne-Gabriel, âgés de moins de
vingt ans, des lettres de bénéfice d'âge après le décès de Denise
Levé, sa femme [4]. Nous y trouvons Jacques III Gabriel, architecte,
entrepreneur des bâtiments du Roi, oncle paternel; Jean Levé,
directeur de l'Hôpital général, grand-oncle maternel; François
Gabriel, conseiller du Roi, receveur des rentes du clergé, cousin.
(Pièce justificative C.) La signature, figure 9, est la dernière que
nous ayons relevée de Jacques III Gabriel, mort six mois après.

De Jacques III Gabriel, architecte, entrepreneur des bâtiments

---

[1] Voir la pièce justificative J, extraite de la reddition des comptes de tutelle
de Marie Delisle à ses cinq enfants.

[2] Acte du 18 décembre 1685 donné au quatrième article sur les Gabriel. (Voir
ci-après.)

[3] Comptes des bâtiments du Roi, Archives nationales, publiés par M. J. Guiffrey.

[4] Denise Levé, fille de François Levé, architecte ordinaire des bâtiments du
Roi, et de Denise Bourdon, avait épousé Maurice Gabriel, architecte. François
Levé était mort le 21 avril 1679, date à laquelle sa mère réunit le conseil de
famille pour le payement d'une somme de 7,000 livres, qu'elle aurait empruntée
pour faire construire une maison, ne pouvant toucher pareille somme qui lui
était due par l'Œuvre et Fabrique de l'église Saint-Nicolas le Chardonnet pour
la construction de leur église. (Archives nationales, Y. 3983.)

du Roi, époux de Anne Fontaine, naquirent : Jacques-Jules Gabriel, fils aîné [1], Anne Gabriel, majeurs en 1697, à la mort de leur père ; Thomas-Augustin Gabriel, Jean-Baptiste Gabriel, mineurs. Tous sont réunis le 23 décembre 1699, avec leurs parents et amis, afin d'avoir avis pour la vente de l'office d'Expert juré. (Pièce justificative D.) Maurice II Gabriel, frère de Jacques III décédé en 1697, ne paraît pas dans le conseil de famille du 22 décembre 1699 ; peut-être était-il mort à cette date.

Nous croyons, d'après ce qui précède, pouvoir dire que Jacques III Gabriel, marié à Anne Fontaine, et Maurice II Gabriel, époux de Denise Levé, doivent être enfants de Maurice I Gabriel, architecte à Argentan, et de Catherine Richard. Qu'est devenu leur autre fils, Jean Gabriel, architecte à Paris en 1666 [2] comme ses frères ? Le 24 septembre 1727, il existe un contrat de mariage passé entre Pierre Cagnard et Marie Gabriel, fille de feu Jean Gabriel, architecte, entrepreneur des bâtiments du Roy, et de Marie Menée [3] ; est-ce sa fille ?

Doit-on voir en Jacques II Gabriel, né à Argentan, en 1605, l'architecte, demeurant à Tours, paroisse Saint-Paterne, qui était présent, le 25 septembre 1651, à la rédaction du contrat de Louise Gabriel, fille de Maurice I et de Catherine Richard, mariée à Argentan à Guillaume Letort, architecte ? (Pièce justificative E.) Il est certain que *Maistre Jacques Gabriel, architecte, demeurant à Tours, paroisse Saint-Paterne,* devait être parent assez proche des Gabriel d'Argentan pour être venu de si loin assister à ce mariage et remplacer sans doute, en cette circonstance, Maurice I Gabriel, décédé depuis deux ans seulement.

Les Gabriel de Touraine sont donc de la même famille que nos architectes normands.

---

[1] C'est sans doute à cause de ce Jacques-Jules Gabriel, fils de Jacques III et de Anne Fontaine, que tous les biographes de la famille Gabriel ont appelé Jacques-Jules celui qui fut anobli en 1704 et qui ne porta jamais que le prénom de Jacques. (Voir les nombreux actes conservés aux Archives nationales.)

[2] Dans les Comptes des bâtiments du Roi, nous trouvons un Jean Gabriel employé à Versailles en 1689, 1690, etc.

[3] Archives nationales, Y 335, ff. 55. Insinuations, donations, etc. — Nous devons à l'obligeance de M. H. Stein la connaissance de divers actes conservés aux Archives ; nous le prions de recevoir ici tous nos remerciements, ainsi que Me Hélie, notaire à Argentan, qui a mis d'une façon si gracieuse ses vieilles archives à notre disposition.

Si, comme tout le porte à croire, Jacques II Gabriel, né à Argentan en 1605, est allé se fixer à Saint-Paterne vers 1636[1], c'est assurément de lui que serait né Jacques IV Gabriel, architecte, qui construisit en partie le pont Royal. Sa signature est reproduite pl. XIV, fig. 11. Il fut inhumé dans l'église de Saint-Paterne le 21 juin 1662.

Nous n'entrerons pas dans des détails déjà publiés au sujet de Jacques IV Gabriel, marié à Marie Delisle, et qui ont été insérés dans le *Dictionnaire* de Lance, les *Archives de l'Art français,* etc. Nous nous contenterons de signaler ici quelques documents absolument nouveaux qui nous donnent, ce qui était *ignoré* et *cherché,* les dates certaines de son mariage et de son décès, ainsi que les noms de ses père et mère.

Jacques IV Gabriel, architecte, marié à Marie Delisle par contrat du 14 *juillet* 1663, était *fils* de défunt *Jacques Gabriel, entrepreneur de bâtiments,* et de Magdeleine Abraham, sa première femme[2]. Jacques IV, en 1663, était depuis peu de temps à Paris, puisqu'il s'engageait dans son contrat à *se faire recevoir* maître maçon de cette ville. (Pièce justificative F.) D'où était-il? Son testament olographe, fait le 25 janvier 1686, va nous l'apprendre.

Il léguait à ses frères et sœurs, *habituez de Saint-Paterne* en Touraine, une somme de six mille livres; elle fut payée par ses héritiers, après une sentence rendue au Chastelet de Paris, le 13 juillet 1688, à Marie Gabriel, femme de Jean Morillon, héritière pour la moitié de la somme léguée[3], et l'autre moitié à la veuve de défunt Jacques Gabriel, architecte à Saint-Paterne en Touraine, et

---

[1] Naissance de Marie Gabriel, baptisée à Saint-Pater le 14 décembre 1638, fille de Jacques Gabriel, « maistre tailleur de pierres demeurant à présent dans cette paroisse ». (Registres de Saint-Pater, mairie.) Ce qui prouve qu'il n'y avait pas longtemps qu'il habitait cette paroisse.

[2] Jacques Gabriel, architecte à Saint-Paterne, avait épousé en secondes noces Anne Morillon, de laquelle il eut : Charles Gabriel, maître maçon, architecte à Paris; Pierre Gabriel, François Gabriel, Gabrielle et Magdelaine Gabriel, mariée à Thomas Perottin. (Bibliothèque nationale, manuscrits, pièces originales, 1261. — Archives nationales (pièce justificative J, §§ XII, XIII, XX, XXI, XXII) et registres de la mairie de Saint-Paterne.)

[3] Marie Gabriel était sœur de père et de mère; pour ce motif elle eut à elle seule autant que tous les autres. Un de ses frères, Honorat Gabriel, baptisé le 19 janvier 1641, eut pour parrain Antoine, fils aîné de haut et puissant seigneur Honorat de Bueil, seigneur de la Roche et autres seigneuries, et Françoise du Bueil, fille dudit seigneur de Racan Devait être décédé lors du partage.

à ses frères et sœurs consanguines. Le père de Jacques IV Gabriel avait épousé en secondes noces Anne Morillon, de laquelle il eut : 1° Charles Gabriel, maistre maçon à Paris ; 2° Pierre ; 3° François ; 4° Gabrielle, et 5° Magdeleine Gabriel, épouse de Thomas Perrotin, tous de Saint-Paterne (pièce justificative G) ou des environs.

Jacques IV Gabriel, époux de Marie De Lisle, nièce de François Mansard, architecte, dont nous n'avons point trouvé la naissance à Saint-Paterne en Touraine, serait issu d'un père normand. Sa signature est reproduite pl. I, fig. 12 [1].

On croyait que c'était à la fin de 1686 que Jacques Gabriel était décédé ; nous dirons plus : il tomba malade le 15 juin 1686 et mourut le 18 juillet suivant [2]. Son inhumation eut lieu à l'église Saint-Paul de Paris. Tous les comptes de l'inhumation, de médicaments, etc., se trouvent dans la pièce justificative J, ainsi que ses libéralités envers la Charité, dont il faisait partie, et envers les pauvres (§§ 14 à 17). (Pièce justificative J.)

Jacques IV Gabriel ne s'occupa que dix-huit mois environ à la construction du pont Royal, qu'il avait accepté d'édifier pour la somme de six cent soixante-quinze mille livres, suivant le devis proposé, mais en tenant compte des *remarques et modifications par luy faites sur ledit devis*. Ce qui fut accepté ainsi qu'il est constaté par un arrêt du Conseil d'État du 10 mars 1685. Il devint adjudicataire des travaux, et ses cautions étaient pour la garantie de l'exécution de cette commande importante : maistre Jacques Gabriel, architecte du Roy, *son cousin ;* maistre Pierre De Lisle, aussi architecte (son beau-frère), et Ponce Cliquin, charpentier des bâtiments du Roy.

Marie De Lisle, veuve de Jacques IV Gabriel, aidée de Pierre De Lisle (son frère), fit terminer le pont Royal, qui fut reçu en 1689, le 13 juin et jours suivants, par Libéral Bruand, architecte,

---

[1] Nous avons sur les registres de Saint-Paterne deux naissances du premier mariage de Jacques Gabriel et cinq du second avec Anne Morillon, mais nous n'avons point trouvé celle de Jacques IV, qui était sans doute né quand son père vint s'établir à Saint-Paterne, vers 1636 ou 1637. Les enfants de Jacques II Gabriel nés à Saint-Paterne sont : Marie, baptisée le 24 décembre 1638 ; Honorat Gabriel, baptisé le 21 janvier 1641, né du 19 ; du deuxième lit : Charles Gabriel, baptisé le 28 août 1646 ; Pierre, baptisé le 21 novembre 1649 ; Gabrielle, baptisée le 4 mars 1652 ; Magdeleine, baptisée le 28 avril 1656, et François, dont nous avons seulement trouvé la signature comme parrain le 26 janvier 1679.

[2] Le premier acte d'émancipation des enfants de Jacques Gabriel, et si cherché par H. Lot, est du 29 juillet 1686. (Pièce justificative H.)

Louis Goujon, expert juré, et Frère Romain, Dominicain [1].

Dans les documents que nous avons, concernant toute la construction du pont Royal, et qui seront publiés dans le prochain volume de *Mémoires de l'Histoire de Paris*, Frère Romain n'est désigné que comme *inspecteur général*, préposé à la réception dudit pont.

Germain Brice, dans sa description de la ville de Paris, attribue, il nous semble avec raison, à *Jules Hardouin* dit Mansard le *plan du pont Royal*. Ce plan fut imprimé et distribué aux soumissionnaires, puis il dit que : « Frère Romain, Jacobin, originaire de « Gand, habile et expérimenté dans la construction des ponts, fut « appelé, et contribua beaucoup à la perfection de ce grand « ouvrage ». Nous venons de voir qu'en effet il fut appelé lors de la réception du pont. Nous savons également qu'il surveilla l'exécution des travaux, ainsi que d'autres architectes; mais aussi précédemment nous avons, d'après un document certain, indiqué que le devis imprimé, distribué aux entrepreneurs, avait été modifié par Jacques IV Gabriel, entrepreneur des travaux.

Marie De Lisle, remariée depuis le 13 novembre 1687 (date de son contrat) avec Gilles de Juigné, eut bien des ennuis à cause de tous ces travaux, ainsi que pour des erreurs (pièce justificative J) relevées par le Roi, et dont Maurice Gabriel, architecte, entrepreneur des bâtiments du Roi, devait payer sa part, étant associé pour un tiers avec Jacques IV Gabriel, pour les constructions des ailes du château de Versailles et divers autres travaux commandés par le Roi.

L'arrivée à Paris de Maurice II et de Jacques III Gabriel paraît coïncider avec la date de l'établissement à Paris de Jacques IV Gabriel. En effet, ce dernier vient se fixer à Paris, par son mariage avec Marie Delisle (pièce justificative F), en 1663; Jacques III et

[1] Piganiol, en parlant du Frère François Romain, dit que « le Roi lui confia en 1685 la conduite et inspection du Pont-Royal ». Dans nos documents, en 1686, au mois de juillet, Jacques Gabriel meurt; il ne serait pas surprenant que le Roi ait alors plus spécialement chargé Frère Romain de surveiller les travaux exécutés par la veuve Gabriel et son frère, Pierre Delisle; mais ce n'est pas Frère Romain qui a achevé le Pont-Royal, commencé par Gabriel. Voir dans le *Dictionnaire, Bibliographie universelle*, 1856, à l'article *Gabriel*, où il est dit que Jacques, mort en 1686, avait commencé le Pont-Royal, qui fut achevé par Frère Romain Giordana (?).

Maurice II Gabriel, nés à Argentan, sont architectes à Paris, en 1666. Tout porte à croire qu'ils abandonnèrent notre Normandie, pour venir tenter la fortune qui ne pouvait manquer de leur sourire, surtout après l'alliance que venait de contracter leur parent avec la nièce du fameux Mansard, conseiller architecte du Roi, ingénieur ordinaire, etc. (Pièce justificatives K.)

Un manuscrit de Lautour-Monfort, 1740 (*Mémoires inédits sur Argentan*), dit : « Que l'achèvement du clocher de l'église Saint-« Germain d'Argentan est du dessein de Maurice Gabriel, fameux « architecte, d'où sont sortis MM. Gabriel, de l'Académie des « sciences, et celui d'aujourd'hui, 1740, qui est Intendant des « Bastiments du Roy. »

On voit, par les documents que nous publions, qu'en effet les Gabriel, architectes à Paris, et si renommés, puisque Jacques-Ange est considéré comme le plus grand architecte français, doivent descendre de Jacques I Gabriel, marié à Argentan avec Marie Duno, mais non de Maurice I, son fils ainé, époux de Catherine Richard.

Nous croyons avoir suffisamment rattaché aux Gabriel de Paris les Gabriel d'Argentan et de Saint-Paterne. Si la Normandie peut à bon droit s'enorgueillir d'avoir une fois de plus donné naissance, au commencement du dix-septième siècle, à une famille d'artistes illustres, la Touraine doit, à un degré moindre, en revendiquer tout l'honneur.

Laissons les Lettres d'anoblissement obtenues en 1704 par Jacques V Gabriel faire elles-mêmes l'apologie de cette famille d'architectes, qui, partie des bords de l'Orne, est arrivée à Paris, pour s'y créer une célébrité durable en passant et s'arrêtant près des bords de la Loire. Ces Lettres, publiées par la *Revue historique et nobiliaire* de 1873, relatent que : « Louis XIV, tout en consta-« tant que pour faire fleurir les sciences et les Arts et donner à « ceux qui excellent dans leurs professions des marques publiques « d'estime pour leurs talents extraordinaires, confère à Jacques « Gabriel le titre de noble en considération des services qu'il lui a « rendus pendant les dix-sept ans qu'il a exercé les charges « d'Architecte et de Contrôleur général des Bâtiments du Roy, « mais encore, en considération que les ancètres dudit Jacques « Gabriel ont professé cet art avec distinction et qu'ainsy l'inclina-

« tion et l'habileté dans les plus beaux arts en ont reçu une vertu
« héréditaire dans la famille [1]. »

Les armes des Gabriel sont (pl. I, fig. 18) : *Un écu d'azur, à
une fasce ondée d'argent, chargée de trois merlettes de sable et
accompagnée en chef d'une nuée d'argent et en pointe d'un vol
d'or. Cet écu est timbré d'un casque de profil, orné de ses lambre-
quins d'or, d'argent et de sable.*

RÉSUMÉ GÉNÉALOGIQUE DES DIVERS GABRIEL CITÉS DANS CE TRAVAIL

Les articles consacrés à chacun d'eux sont appuyés par des documents, des notes et par les pièces justificatives.

ARTICLE PREMIER

Jacques I Gabriel, architecte de l'hôtel de ville de Rouen ; entrepreneur de divers travaux de l'église Saint-Germain d'Argentan ;
demeurant à Argentan à la fin du seizième siècle, marié à Marie
Duno avant le 18 décembre 1600, était décédé au 7 janvier 1628.
De son mariage sont issus :

1° Maurice I Gabriel, baptisé le 25 juillet 1602 à l'église Saint-
Germain d'Argentan. Il épousa dans cette même ville en 1632
(contrat du 27 juillet 1632, pièce justificative A) Catherine Richard,
fille de Mary Richard et de Marie Le Fessier, bourgeois d'Argentan.

Maurice I, architecte, d'Argentan, est décédé du 28 juillet au
3 novembre 1649, âgé de quarante-sept ans, après avoir exécuté
beaucoup de travaux dans la contrée. (Voir ses enfants ; article 2.)

2° Jacques II Gabriel, baptisé à Argentan le 16 octobre 1605.
C'est lui *sans doute* qui assista au contrat passé en 1651 entre
Louise Gabriel, fille de Maurice I, et Guillaume Le Tort, architecte. (Pièce justificative E.) Il est désigné dans le contrat comme
architecte, habitant *Saint-Paterne en Touraine.* Or nous trouvons,
au contrat de Jacques Gabriel et de Marie Delisle, qu'il est fils de
défunt Jacques Gabriel et de Magdelaine Abraham, sa première
femme ; et, lors de sa succession, que ses frères et sœurs consan-
guins habitaient Saint-Paterne. (Pièces justificatives F et G.) Il est

---

[1] Les lettres d'anoblissement se trouvent consignées aux Archives nationales
F. 8798, f° 404, et Bibliothèque nationale, pièces originales 1261, manuscrits.

donc permis de croire que c'est de Jacques II Gabriel, natif d'Argentan, que sont descendus les fameux Gabriel, architectes à Paris, de 1663 à 1786. (Voir article 5, les enfants de Jacques Gabriel, époux 1° de Magdelaine Abraham; 2° de Anne Morillon.) Il mourut en 1662.

3° Perrine Gabriel, baptisée à Argentan le 18 juillet 1608, mariée dans cette ville, le 11 juin 1630, à Jean Guiboult. De leur mariage sont issus plusieurs enfants.

4° André Gabriel, baptisé à Argentan le 2 novembre 1610. Nous ne savons rien sur lui. Qu'est-il devenu?

ARTICLE DEUXIÈME

De Maurice I Gabriel, architecte à Argentan, et de Catherine Richard, cités article premier, sont issus :

1° Louise Gabriel, baptisée à Argentan le 12 may 1633; elle épousa Guillaume Letort, architecte à Argentan. Leur contrat, passé devant les notaires de cette ville le 25 septembre 1651, est reconnu en présence de : Maistre *Jaques Gabriel, architecte, demeurant à Saint-Paterne en Touraine.* (Pièce justificative E.)

2° Marie Gabriel, baptisée à Argentan le 31 juillet 1634, épousa Louis Bence, fils de Jean Bence et de Anne Le Cerf, d'Argentan. Leur contrat, du 22 février 1656, fut reconnu devant les notaires le 16 août 1662. Ont laissé postérité.

3° Jacques III Gabriel, baptisé le 10 mai 1637 à Argentan, devint architecte comme son père. Il habitait Paris en 1666, où il exerçait sa profession; ce qui est certifié par le contrat de sa sœur Anne, mariée à Jean Bence. (Pièce justificative B.)

D'après l'analogie des signatures comparées et données planche I, figures 5 à 9, il dut épouser Anne Fontaine; il décéda à Paris le 22 août 1697, âgé de soixante ans, et fut inhumé à l'église Saint-Paul. (Bibliothèque nationale, manuscrits, fonds français 8220.) Reportons-nous à son acte de baptême; il avait, en effet, soixante ans, puisque Jacques Gabriel, fils de Maurice I, fut baptisé le 10 mai 1637. Jacques Gabriel, architecte entrepreneur des Bâtiments du Roi, Expert juré à Paris, a laissé plusieurs enfants. (Voir article troisième, et pièce justificative D.)

4° Maurice II Gabriel, baptisé à Argentan le 3 novembre 1639, fut aussi architecte à Paris. (Pièce justificative B.)

Or nous voyons dans les avis de famille, etc. (pièces justificatives C, H, J), de 1687 à 1697, que Jacques Gabriel III, époux de Anne Fontaine, avait un frère du nom de Maurice et qui avait épousé Denise Levé, fille de François Levé, aussi architecte ordinaire des Bastiments du Roy, et de Denise Bourdon.

Ce Maurice Gabriel fut l'associé de Jacques IV Gabriel pour la nouvelle construction du château de Versailles; il entreprit la construction du couvent des Capucines.

Il dut mourir vers 1699 et laissa postérité. (Voir article quatrième.)

5° Jean Gabriel, baptisé le 18 mars 1642, aussi architecte, en 1666, à Paris, comme ses frères. Nous n'avons rien sur lui.

6° Anne Gabriel, baptisée à Argentan le 20 mars 1644.

7° Anne Gabriel, baptisée à Argentan le 12 juin 1645.

L'une des deux épousa Jean Bence, fils de feu Jean Bence et de Jeanne Lecerf. Leur contrat, du 26 juillet 1666, reconnu devant les notaires d'Argentan (pièce justificative B), contient les signatures de Jacques III et de Maurice II Gabriel, architectes à Paris, frères de la future, et sont reproduites planche I, figures 5 et 6.

De leur mariage sont issus plusieurs enfants.

ARTICLE TROISIÈME

Jacques III Gabriel, architecte du Roy, Expert juré, demeurant rue Saint-Antoine, époux de Anne Fontaine, cautionnait, en 1685 (ainsi que cela est certifié par Marie Delisle lors de la reddition de ses comptes de tutelle), Jacques IV Gabriel, son cousin, entrepreneur du pont Royal.

Quatre enfants sont cités dans l'avis de famille, de 1699, pour la vente de l'office d'Expert juré du Roy. Ce sont :

1° Jacques-Jules Gabriel, majeur en 1699. (Pièce justificative D.)

2° Anne Gabriel, aussi majeure en 1699.

3° Thomas-Augustin Gabriel, mineur en 1699.

4° Jean-Baptiste Gabriel, mineur en 1699.

On trouve aux Archives nationales V 286, n° 332, un J.-B. Gabriel, notaire, le 22 novembre 1731, à Barrêt-le-Haut (Dauphiné, Hautes-Alpes, arrondissement de Gap, canton de Ribien). Est-ce le fils de Jacques III Gabriel qui est ainsi désigné?

ARTICLE QUATRIÈME

De Maurice II Gabriel, architecte, entrepreneur des Bâtiments du Roi, frère de Jacques III Gabriel et de Denise Levé, sont issus :

1° Maurice III Gabriel, émancipé en 1697. (Pièce justificative C '.)

2° Marie-Anne Gabriel, aussi émancipée en 1697, après le décès de Denise Levé, mère des mineurs.

Maurice II Gabriel se trouve indiqué comme entrepreneur des Bâtiments du Roi dès 1668, étant associé avec Jacques IV; puis des comptes relevés et publiés par M. J.-J. Guiffrey que nous indiquons ici sommairement, il résulte que jusqu'en 1689 il continua d'être employé par le Roi. Il travailla au château de Versailles dont l'entreprise était de société ².

En 1685 il accepta d'enclore la butte de Montboron et de travailler aux réservoirs, comme cela est relaté dans un acte passé le 18 décembre 1685, devant Mathurin Lamy, notaire garde-notes du Roy. Maurice Gabriel s'engagea à achever les quatre réservoirs que le Roi avait ordonné de faire sur la butte de Montboron, puis à faire les murs pour enclore ladite butte. Les murs devaient avoir « 2 pieds de profondeur et d'épaisseur dans les fondations pour « être réduits à 20 pouces au rez-de-chaussée et seront de 10 pieds « du rez-de-chaussée au chapron ». (Archives nationales O¹ 1796.)

Il travailla aussi au couvent et à l'église des Capucines, à l'église paroissiale de Versailles, à la place royale de l'Hôtel Vendôme, etc. Il toucha pour ces ouvrages, d'après les comptes des Bâtiments, des sommes assez importantes.

¹ On trouve dans les Pièces originales (Bibliothèque nationale) un Maurice Gabriel ayant les mêmes armes que celles de Jacques IV, accolées à celles de sa femme, Marie-Anne Le Rouge. Il est désigné comme architecte du Roi. Est-ce de Maurice II ou de Maurice III Gabriel qu'il est question?

² La grande aile du château de Versailles, commencée en 1679, sur les plans de Jules-Hardouin Mansard, avait été entreprise par Jacques et Maurice Gabriel et fut reçue par Perrault en 1682. Ils touchèrent 651,626 liv. 10 s. 1 d.

ARTICLE CINQUIÈME

Jacques II Gabriel, architecte, entrepreneur de bâtiments, fixé en Touraine, présent au contrat de Louise Gabriel d'Argentan, est vraisemblablement ce Jacques Gabriel né en 1605 à Argentan et frère de Maurice Ier, par conséquent oncle des enfants de son frère. C'est le motif pour lequel nous trouvons les frères de Louise Gabriel et son beau-frère Jean Bence qualifiés de cousins des enfants de Jacques IV Gabriel, époux de Marie Delisle.

Jacques II Gabriel, architecte à Saint-Paterne, épousa d'abord Magdeleine Abraham, de laquelle il eut à notre connaissance trois enfants ; et, en secondes noces, Anne Morillon, de laquelle il eut cinq enfants, que nous citons dans l'ordre donné (pièce justificative G) : Jacques qui suit paraît né quand son père s'établit à Saint-Paterne vers 1636. Jacques II mourut à Saint-Paterne, sa sépulture est du 21 juin 1662.

1° Jacques IV Gabriel, architecte, entrepreneur des Bâtiments du Roi, s'établit à Paris vers 1663 ; il se maria dans cette ville (contrat du 14 juillet 1663) à Marie Delisle, fille de Edme de Lisle, peintre ordinaire du Roi, et de Michelle Gautier, et dès 1669 il était compris dans les officiers qui ont gages pour servir généralement dans toutes les maisons royales et bâtiments de Sa Majesté Louis XIV [1].

Il s'associa pour divers travaux avec Maurice Gabriel et une autre personne non désignée dans les actes que nous avons vus. Il construisit la grande aile du château de Versailles, et reçut pour tous les travaux qu'il fit pour le compte du Roi, de 1668 à 1682 inclusivement, la somme de 3,348,743 l. 9 sols 4 deniers ; puis, en 1685, il obtint la construction du pont Royal. Il est mort au milieu de cette grande entreprise, le 18 juillet 1686. Sa veuve, aidée de son frère Pierre Delisle, architecte, continua cet important travail, et, lors de la reddition de ses comptes de tutelle, on voit qu'elle fut obligée de payer au Roi sa part de 41,610 livres 19 sols 9 deniers pour erreurs relevées par le Roi sur le toisé de tous les travaux entrepris par son mari depuis l'année 1668 (pièce

[1] *Compte des bâtiments du Roy*, par M. J. GUIFFREY.

justificative J). Jacques IV fut inhumé à l'église Saint-Paul de Paris (pièce justificative I).

2° Marie Gabriel, baptisée à Saint-Paterne le 14 décembre 1638, mariée à Jean Morillon, de Saint Paterne. Elle était, comme Jacques IV, fille de Magdeleine Abraham; elle eut à elle seule autant que tous ses autres frères et sœurs dans les legs faits par Jacques Gabriel, mort en 1686.

3° Honorat Gabriel, né le 19 janvier 1641, baptisé le 21, eut pour parrain Antoine du Bueil, fils ainé du seigneur de Racan, et pour marraine Françoise du Bueil sa sœur. Il était sans doute mort au partage de son frère.

Du second lit : 1° Charles Gabriel, architecte, maître maçon à Paris, fils de la seconde femme de Jacques II, architecte à Saint-Paterne, baptisé le 28 août 1646. Il eut procès avec sa mère, Anne Morillon, à cause du legs attribué par Jacques IV à ses frères et sœurs. (Voir pièce justificative L.) Il avait épousé N. Bailly.

2° Pierre Gabriel. Resta architecte à Saint-Paterne. Baptisé le 21 novembre 1649; épousa Renée Mulot; occupé au château de Racan. Sa signature est reproduite pl. I, fig. 14. Mourut à Saint-Paterne et fut inhumé le 1er juillet 1694.

3° François Gabriel, aussi à Saint-Paterne.

4° Gabrielle, baptisée le 4 mars 1652.

5° Magdelaine Gabriel, baptisée le 28 avril 1656 à Saint-Paterne, épouse de Thomas Perottin, tous « habituez » de Saint-Paterne ou environs.

Jacques IV Gabriel, leur frère consanguin, leur légua par son testament une somme de 6,000 livres, qu'ils se partagèrent après plusieurs procès qu'ils eurent tant avec Marie Delisle et ses enfants qu'avec Anne Morillon et Charles Gabriel, leur mère et leur frère (pièces justificatives G, J, §§ XX, XXI, XXII).

ARTICLE SIXIÈME

Enfants de Jacques IV Gabriel et de Marie Delisle, qui partagèrent sa grande fortune le 16 septembre 1689. Jusqu'à cette date, Marie Delisle leur donnait à chacun 1,500 livres par an :

1° François Gabriel, Receveur des Rentes du Clergé, né en 1664. Son acte de baptême est du 8 juin 1664; il avait donc vingt-deux ans en 1686, le 29 juillet, quand il obtint ses lettres d'émancipation (pièce justificative H) après la mort de son père, et était majeur en 1689, lors de la reddition des comptes de Marie Delisle, qui furent rendus à lui comme majeur et à ses frères et sœurs agissant sous son autorité, n'ayant pas encore atteint cet âge. Son baptême eut lieu à l'église Saint-Paul de Paris [1]. Il épousa Françoise de Palm avant le 19 avril 1690.

2° Jacques V Gabriel, né, d'après Lance, le 6 avril 1667; nous pensons que cet auteur se trompe. S'il n'y a pas d'erreur dans les Lettres de bénéfice d'âge (pièce justificative H), Jacques Gabriel est dit, le 29 juillet 1686, âgé de vingt ans. Il est donc né en 1666. Il acheta après les avis de ses parents [2], le 11 juillet 1687, de la veuve de Michel Hardouin, la Charge de Contrôleur général alternatif des Bâtiments du Roi.

Il épousa en premières noces Marie de Lespine, morte le 11 août 1694 [3], et en secondes noces Élisabeth Besnier, dont le contrat, fait le 12 janvier 1698, parut dans les *Archives de l'Art français*. Jacques V est décédé à Fontainebleau le 23 avril 1742 dans sa soixante-seizième année (il est donc bien né en 1666, et non le 6 avril 1667 [4]), après avoir été nommé successivement *Contrôleur général* des Bastiments du Roy le 11 juillet 1687, *Architecte ordinaire* de Sa Majesté par brevet du 20 mars 1709 : « La place étant « vacante après le décès du sieur Lambert, Sa Majesté, ne pouvant « faire un meilleur choix, connaissant la fidélité, le zèle et l'expé- « rience de Jacques Gabriel, contrôleur général, le retient pour « son architecte. » (Archives nationales, O¹ 1063.) Jacques Gabriel

---

[1] Fol. 76. « Provision de François Gabriel, receveur et payeur des rentes du clergé de France comme controleur receveur ancien des tailles, y compris moitié du triennal reuny à iceluy de l'élection de Paris et receveur ancien des deniers communs et d'octrois du plat pays de la dite élection que tenait et exerçait Mᵉ Michel Lebel dernier possesseur d'iceluy... pourvu que le dit Gabriel ait atteint l'age de vingt cinq ans accomplis ainsi qu'il appert de son extrait baptistère du 8 juin 1664, de l'église Sᵗ Paul à Paris et delivré par le vicaire d'icele signé Parceval. Donné à Versailles le 29 avril 1694. » (Archives nationales, Registre des lettres patentes, 1693 à 1695, Z¹ F 610.)

[2] Cet avis a été publié par H. Lor, dans les *Archives de l'Art français*, 1876.

[3] Bibliothèque nationale, dossiers bleus, 297.

[4] Cette date se trouve aussi à la Bibliothèque nationale, dossiers bleus, 297.

avait été *anobli* au mois de mai 1704; l'enregistrement des lettres
patentes est du 29 juillet 1704. *Architecte de première classe
de l'Académie d'architecture* le 30 mars 1718. « Le Roi, voulant
« qu'elle soit composée d'hommes capables, a jeté les yeux sur
« Jacques Gabriel, contrôleur général, l'un de ses architectes ordi-
« naires. » Il fut encore *Ingénieur des ponts et chaussées de
France,* puis *chevalier de l'Ordre de Saint-Michel.* En 1737, le
25 janvier, Jacques Gabriel, premier architecte du Roy, Chevalier
de l'Ordre de Saint-Michel, fut nommé Inspecteur général des Bastiments du Roy (Archives nationales, O¹ 1057). Sa signature est
reproduite fig. 15, pl. I.

3° Claude Gabriel, baptisé le 26 janvier 1670, devint mousquetaire du Roi, puis trésorier de France, et porta le surnom de sieur
de Villeneuve [1].

4° Marie-Anne-Denise Gabriel, mariée en 1682 à Jean Rillart,
Escuier, Conseiller du Roi, Receveur payeur des Rentes du Clergé
de France. Elle eut en mariage 60,000 livres. Jean Rillart était
mort avant le 2 décembre 1712, car à cette date Jacques V Gabriel,
Escuier, Conseiller du Roi, Contrôleur général des Bastiments de
Sa Majesté, son Architecte ordinaire et premier Ingénieur des
Ponts et chaussées de France, demeurant rue Traversière, paroisse
Saint-Roch, promettait à dame Marie-Denise Gabriel, sa sœur,
veuve de Jean Rillart, escuier, l'usufruit, sa vie durant, de 700 livres
de rente, dont la propriété appartient à demoiselle Élisabeth
Gabriel et Pierre Gabriel, Escuier, enfants mineurs dudit sieur
Gabriel. La veuve Rillart demeurait rue Charonne, fauxbourg Saint-
Antoine, paroisse Sainte-Marguerite. Fait le 2 décembre 1719
(Bibliothèque nationale, pièces originales, 1261.)

5° Marie-Anne Gabriel, Religieuse aux Bénédictines de Bon-
Secours, née vers 1672, mineure à la reddition des comptes
en 1689.

De tous ces enfants, Jacques III Gabriel et Maurice II Gabriel,
architectes, furent nommés curateurs. Et dans tous les actes cités
par Marie Delisle, ils sont toujours indiqués comme cousins, mais
jamais dits cousins germains *par Marie Delisle.*

[1] Bibliothèque nationale, Pièces originales, 1261.

ARTICLE SEPTIÈME

De Noble Jacques V Gabriel, Contrôleur général des Bastiments du Roi, premier architecte de Sa Majesté le Roi Louis XV, et de Élisabeth Besnier, sont issus :

1° Ange-Jacques [1] Gabriel, architecte, sieur de Mezières, né à Paris le 23 octobre 1698, fut baptisé le lendemain à Saint-Eustache ; il obtint après la mort de son père, le 14 mai 1742, la charge de Premier architecte du Roi, après avoir été successivement Contrôleur général des Bastiments du Roi, Architecte ordinaire de Sa Majesté, Architecte de première classe de son Académie d'architecture établie au Louvre, à Paris.

Le 17 janvier 1738, un brevet de logement à l'Orangerie des Tuileries fut accordé au sieur Gabriel fils, Contrôleur général des Bâtiments de Sa Majesté. Le 22 mars 1740, le Roy lui fait don d'un terrain situé à Versailles, dans l'avenue de Montboron, contenant un arpent 3/4 10 perches... fait d'un cul-de-sac pour les sorties de différents particuliers du costé de l'avenue de Saint-Cloud, sans que la dame son épouse en ait douaire, attendu que le présent don est un effet de la libéralité du Roi. Le 31 mars suivant, autre don de terrain à côté (Archives nationales, O¹ 1057).

En 1775, le 21 mars, c'est encore sous les noms de Ange-Jacques que Gabriel adresse au Roi sa démission, puis est nommé premier architecte honoraire des Bâtiments du Roy, « voulant, Sa Majesté, « en cette qualité qu'il continue d'être Directeur de l'Académie « Royale d'architecture à Paris et qu'il jouisse des droits, préroga- « tives, prééminences, émoluements attachés au Directoral de la « dite Académie, pour lui montrer sa satisfaction des services qu'il « a rendus pendant trente-trois ans en qualité de premier archi- « tecte ».

Il obtient une pension de 12,000 livres réversible moitié sur Catherine-Angélique De La Motte [2], sa femme, et à chacun de ses fils 1,500 livres (Archives nationales, O¹ 676).

---

[1] C'est ainsi qu'il est désigné dans son acte de baptême, et non Jacques-Ange.
[2] Catherine-Angélique de La Motte, née le 3 septembre 1711 à Paris et baptisée le même jour, paroisse Saint-Germain l'Auxerrois, était fille de Jean de La Motte, premier secrétaire de Mgr le duc d'Antin, et de Anne-Catherine Magnier, dans le Louvre.

GABRIEL
par LEMOYNE (Jean-Baptiste)

ANGE-JACQUES, DIT JACQUES-ANGE GABRIEL

Musée du Louvre

Il a exécuté divers travaux importants, tels que les colonnades de la place de la Concorde, l'École militaire, et restaura la colonnade du Louvre. Plusieurs lettres de lui sont conservées aux Archives nationales, une entre autres nous montre son humeur gaie ; il s'agissait d'un essai fait par Bonny de La Vergue, qui s'annonçait comme possesseur d'un secret pour empêcher les cheminées de fumer, « secret d'autant plus précieux qu'avec son secours on remporte même sur les cheminées les plus rebelles une victoire complète ». De La Vergue prie qu'on le mette à même de prouver la vérité de ce qu'il avance. Le 24 janvier 1772, Gabriel répond : « Qu'ayant à la Muette une cheminée opiniâtrement indomptable, il adresse M. Bonny de La Vergue à M. Soufflot, pour qu'il mette cet ingénieur à même de faire cette cure qui lui vaudra le titre de médecin... » Mais après l'essai des différentes opérations faites par M. de La Vergue, Gabriel conclut que cet ingénieur n'est pas meilleur médecin que ceux qui sont venus avant lui, et que ses procédés n'ont pas plus de valeur.

Ses signatures sont reproduites fig. 16 et 17 de la pl. I, et son buste, d'après J.-B. Lemoyne, conservé au Musée du Louvre, n° 506, sculpture. Voir, ci-contre pl. III. En ce moment ce buste en marbre blanc ne porte aucun numéro.

Ange-Jacques mourut à Paris le 4 janvier 1782, et fut inhumé à Saint-Germain l'Auxerrois.

Ange-Jacques Gabriel laissa deux fils : 1° Ange-Antoine, qui devint aussi architecte du Roi, Contrôleur des Bâtiments, etc., et Contrôleur particulier du département de Marly ; Ange-Antoine était né à Versailles le 15 septembre 1735. 2° Ange-Charles, né le 29 juin 1738, à Versailles.

De Jacques V Gabriel et de Élisabeth Besnier naquirent encore :

2° Pierre Gabriel.

3° Élisabeth Gabriel, qui dut, d'après une note conservée à la Bibliothèque nationale (dossiers bleus, 297), épouser M. Dulac.

ARTICLE HUITIÈME

Sur Pierre Gabriel, baptisé à Saint-Paterne le 21 novembre 1649, qui resta dans la contrée comme architecte et travailla au château de Racan, nous avons un acte de peu d'importance, puisqu'il s'agit

3

seulement de réparations ; mais il nous le montre comme architecte
de Honorat du Bueil (acte du 28 décembre 1679). Pierre Gabriel,
architecte à Saint-Paterne, épousa Renée Mulot, dont il eut dix
enfants : 1° Pierre Gabriel, baptisé à Saint-Paterne le 13 février
1674 ; 2° Marie Gabriel, baptisée le 15 août 1676, à Saint-Paterne ;
3° Renée Gabriel, baptisée à Saint-Paterne le. 12 août 1677 ;
4° Anne Gabriel, baptisée à Saint-Paterne le 26 janvier 1679 ;
5° Jeanne Gabriel, baptisée le 3 août 1680 ; 6° Pierre Gabriel,
baptisé le 28 décembre 1681, décédé le 24 mai 1683 ; 7° Joseph
Gabriel, baptisé le 19 mars 1683, habitait Paris le 12 juillet 1710,
date d'une procuration qu'il donne à sa mère [1] ; 8° Marie Gabriel,
baptisée le 13 mai 1684 ; 9° Barbe Gabriel, baptisée le 15 juin
1685 ; 10° Magdelaine, baptisée le 19 janvier 1692, décédée le
27 janvier 1696 [2].

PIÈCES JUSTIFICATIVES

(A) 1632 (28 juillet) furent présents Maistre Maurice Gabriel, architecte, bourgeois d'Argentan, d'une part, et Marie Le fecier, veuve de Mary
Richard et Catherine Richard sa fille, bourgeois dudit Argentan, d'autre
part :

Lesquels, après avoir entendu la lecture à eux présentement d'un traité
de mariage cy après inséré, fait entre le dit Gabriel et la dite Catherine
Richard, sa future épouse, ont volontairement ratifié, approuvé et pour
agréable le contenu du dit traité, quilz ont signé de leurs propres faitz et
seings, promettant l'entretenir en tout son contenu. Mesme le dit Gabriel
a recognu que tous les meubles mentionnés au dit traité luy ont esté
livrés par la dite Fessier, et partant s'en est tenu à content, en la présence de Jacques Billard son futur beaufrère qui a dit avoir vu les
dits meubles et que ceux que la dite Le Fessier avoit promis faire valloir
la somme de six vingt livres (120 fr.) par le dit traité ne sont de plus
grande valeur que la dite somme de six vingt livres, suyvant que la dite
Le Fessier avoit promis les faire valloir par le dit traité, renonçant partant le dit Billart a en rechercher le dit Gabriel. Lequel, à ce moien, s'est
tenu à content et bien satisfait, de tous les dits meubles déclarés par le
dit traité. Et demeure déchargé de la promesse qu'il avait faite de cinq

[1] Étude de M° Penot, notaire à Saint-Paterne.
[2] Voir, ci-après planche II, tableau généalogique.

GABRIEL, Jacques 1er,
Architecte demeurant à Argentan en 1600; marié à Marie Duno.
Decédé avant le 3 janvier 1628.

Franc, dit Gabriel, parrain de
Maurice 1er, est-il le père ou le
frère de Jacques 1er Gabriel?

1° Maurice 1er, baptisé le 25 juillet 1602.
Fixé à Argentan comme architecte.
Marié à Catherine Richard en 1631, à Argentan.
Decédé en 1649.

2° Jacques II, baptisé 16 octobre
1605, à Argentan. Probablement
fixé à Saint-Paterne, en Tourraine,
comme architecte. Inhumé, à Saint-
Paterne, le 24 juin 1662.

2° Pezsire, baptisé 18 juillet 1608;
mariée à Jean Guibault 11 juin 1630,
à Argentan.

4° André, baptisé le 2 novembre 1610
à Argentan.

1° Marié à Magdeleine Abraham.

2° Marié à Anne Morillon.

1° Louise, baptisée 12 mai 1633; mariée à Guillaume Lecbort, architecte (contrat 26 février 1656). Ont laissé postérité.

2° Marie, baptisée 31 juillet 1631; mariée à Louis Peare...

3° Jacques III, architecte, baptisé le 10 mai 1637; marié à Anne Fontaine; décédé à Paris, le 24 août 1697. Architecte à Paris en 1686.

4° Maurice II, architecte, baptisé 3 novembre 1639; marié à Denise Lere avant 1679. Architecte à Paris en 1699.

5° Jean, baptisé le 18 mars 1642. Architecte à Paris en 1686.

6° Anne, baptisée 27 mars 1644.

1° Anne, baptisée 12 juin 1645; mariée à Jean Hower (contrat 26 juillet 1666). Ont laissé postérité.

1° Jacques IV, architecte à Paris; marié à Marie Delisle (contrat 14 juillet 1683); décédé à Paris le 18 juillet 1686.

2° Marie, mariée à Jean Morillon, le 21 janvier 1641.

3° Renaud, baptisé le 19.

1° Charles, maître-maçon à Tourraine, baptisé le 14 décembre 1638.

1° Charles, marié à N. Pailly, baptisé à Saint-Paterne, le 28 mai 1636.

2° Pierre, architecte, baptisé 21 novembre 1640; marié à Renée Malet; inhumé le 1er juillet 1695.

4° François, à Saint-Paterne, en Tourraine.

1° Gabrielle, baptisée le 4 mars 1652 à Saint-Paterne.

2° Magdeleine, baptisée le 28 avril 1656; mariée à Thomas Prestin, à Saint-Paterne.

1° Jacques-Jules, fils majeur l'apôtre, marié, majeur en 1697.

2° Anne, mineure en 1697.

3° Jean-Augustin, mineur en 1697.

1° Thomas, mineur en 1697.

1° Maurice III, mineur en 1699.

2° Marie-Anne, mineure en 1699.

1° Pierre, baptisé le 13 février 1674.

2° Marie, baptisée le 12 août 1676.

3° Renée, baptisée le 12 août 1677.

4° Anne, baptisée le 26 janvier 1679.

5° Jeanne, baptisée le 3 août 1680.

6° Pierre, baptisé le 28 décembre 1681; décédé le 24 mai en 1683.

7° Joseph, baptisé le 19 mars 1683; habitait Paris en 1710, le 2 juillet.

8° Marie, baptisée 13 mai 1684.

9° Reine, baptisée 15 juin 1685.

10° Magdeleine, baptisée 19 janvier 1687; décédée le 27 janvier 1696.

1° François, émancipé en 1686; baptisé le 9 juin 1664 à l'église Saint-Paul; marié à Elisabeth Beanier. Décédé à Fontainebleau 29 avril 1718.

2° Jacques V, mousquetaire, marié à Marie-Françoise de Lespine et en 1698 à Elisabeth Beanier.

3° Claude, mousquetaire, baptisé 25 janvier 1670.

4° Marie-Denise, mariée en 1682 à Jean Billart, écuyer.

5° Marie-Anne, religieuse.

1° Jacques-Ange, ou Ange-Jacques, architecte; baptisé à Saint-Eustache 23 octobre 1698; marié à Marie-Angélique de la Motte. Décédé 4 janvier 1782, inhumé à Saint-Germain l'Auxerrois de Paris.

2° Pierre, écuyer; mineur en 1722.

3° Elisabeth, mineure en 1722.

1° Ange-Antoine, architecte; baptisé à Versailles, le 15 septembre 1735. — Architecte des bâtiments du Roi à Marly.

2° Ange-Charles, baptisé à Versailles, le 29 juin 1738. — Commissaire de la marine.

GÉNÉALOGIE DE LA FAMILLE GABRIEL

cents livres pour l'assurance du douaire, parce que au lieu d'icelle il a baillé caution du dit douaire par brevet passé en ce tabellionnage le 26e juin de ce mois [1]. Et, ce fait, les dits Billard et Gabriel ont recognu qu'ils ont fait accord entre eux, présence et du consentement de la dite Le Fessier, leur bellemère, touchant leurs partages, ledit accord reconnu en baillage d'Argentan, ainsi qu'ils ont dit, ledit jour 26 de ce mois, lequel accord ils ont respectivement ratifié et promis entretenir, et a este aussi promis et accordé par la dite Le Fessier payer et donner aux dits Billart et Gabriel, par augmentation du don mobilier, chacun la somme de trois cents livres tournois et pareille somme de trois cents à Louise Richard, son autre fille, en cas que la dite Le Fessier se marie en secondes noces ; le tout à prendre sur le plus beau et plus clair de tout son bien. Duquel traité de mariage la teneur en suit.

Au traité de mariage qui au plaisir de Dieu sera faict et célébré en face de Ste Eglise entre Maistre Maurice Gabriel, Maistre architecte, fils de feu Maistre Jacques Gabriel, aussy architecte, et de Marie Duno ses père et mère, bourgeois d'Argentan, d'une part.

Et Catherine Richard, fille de deffunt Mary Richard et de Marie Le Fessier, ses père et mère, bourgeois d'Argentan d'autre part.

Ont esté faictz les accords et pactions qui ensuivent.

Et sçavoir que le dit Maistre Maurice Gabriel a promis prendre pour espouse la dite Catherine Richard avec, tout et tel droit de succession qui luy peut apartenir dès à présent du dit deffunct son père et celuy qu'elle peut esperer après le decès de la dite Le Fessier, sa mère. Laquelle, en faveur dudit mariage, a recognu ladite Catherine avec ses autres filles pour ses présomptives héritières, et, en attendant sa succession, elle a accordé et consenty que le dit Gabriel futur espoux, jouisse des maisons et heritages dont la déclaration ensuit : — Une acre de terre assise en cette bourgeoisie d'Argentan au réage du chemin de Falaize, jouxt d'un costé les hoirs de René Ango ; d'autre costé les hoirs Robert Bernier Brochetière d'un bout le dit chemin, — Vergée et demie de terre plantée en bled assise aussi au dit réage. — Une maison, assise en la rue du Beille, consistant en une chambre, chambrette, cellier et greniers dessus, avec une autre espasse de maison servant à tannerie, joignant la dite maison avec deux plaines ; une petite portion de jardin et trois notz à tanner ; le tout jouxt des deux costés les allées d'autres jardins, appartenant au dit def. Richard et à la dite veuve ; des deux bouts les hoirs de deffunct Nico-

---

[1] Le 26 juillet 1632, « Maistre Jacques Dufour escuier conseiller du roy Lieutenant g[l] civil et criminel de Monsieur le bailly d'Alençon au vicomté d'Argentau et d'Exmes cautionne Maistre Maurice Gabriel... »

las Pinel, esquelles maisons et heritages les dits futurs époux commenceront à jouir du jour de la célébration du dit mariage.

Oultre la dite Le Fessier a promis donner à la dite fille avant les épousailles : Un lit fourny de couettes, traversier, deux oreillers, une couverture, un ciel de lict, un demy coffre, un plat bassin, deux sallières, une éguaire. deux pots, une pinte de deux tiers, une chopine, une douzaine d'assiettes, demie douzaine de demy plats, demie douzaine de petites escuelles, le tout d'estain. Toutes lesquelles choses la dite veuve Le Fessier a promys faire valoir jusques à la somme de six vingt livres. Et, oultre les dits meubles, la dite veuve a promys donner aux dits mariés futurs : une douzaine de draps de toille de Lanfer, deux aultres draps de lin ; trois douzaines de serviettes l'une de toile de lin et les deux aultres de toille de Lanfer ; huit nappes deux de lin et six de Lanfer, six taies d'orillier deux de lin et quatre de Lanfer, douze chemises, six neufves, le tout à l'usage de la dite fille, six essuyent à mains, une robe d'estamine neufve, etoffée selon la qualité de la dite fille au desir du dit Gabriel avec un cotillon de camelot ; et, en oultre, une aultre robe et cotillon et les autres meubles que la dite fille peut avoir à son usage, et davantage luy a promis donner (non pas dix patenotres, mais une seule dizaine) : une bague d'or et une dizaine de patenostres d'argent et en cas que la dite fille predecedast le dit Gabriel la dite Le Fessier a donné au dit Gabriel la somme de trois cents livres pour don mobilier à prendre sur les immeubles du dit deffunct Richard, son mari, et d'elle.

Et, de la part du dit Gabriel, il a gagé douaire coustumier à sa dite future espouse sur tous ses biens. — Pour assurance duquel douaire le dit Gabriel a promis bailler, avant le jour des espouzailles, la somme de cinq cents livres à la dite Le Fessier, ou aultre personne solvable, pour être constituée en rente au denier quatorze, et outre promis donner à la dite fille deux bagues et une croix d'or qu'il a consenty qu'elle remporte, ensemble ses habits lugubres de deuil, en exemption de toutes debtes avec les autres habitz a elle donnés par sa dite mère en cas qu'il la prédécédast sans enfants issus d'eux. Le tout faict et arreté en la présence et du consentement de Jacques Billart, ayant épousé la sœur ainée de la dite fille, et des autres parents et amys subsignez. Cejourd'huy, treizième jour de juin mil six cent trente deux. Signé : Maurice Gabriel — La mère de ladite Le fessier — la mère de la dite future — La mère de la dite Marie Duno — signé Billard — Lancey — Dufour — Philippe — de Droullin — Pollin — Le Fessier — Duno — Chopin — Leprovost — Facet — et la mère de Jean Guiboust.

Et quant a la dite reconnaissance et à ratification cy dessus et à tout ce qu'il dit estre tenu, et obligèrent, les dites parties respectivement en tous leurs biens. Y présents Jacques Lepeltier, fils de Jacques, et Jean Hardy, d'Argentan, tesmoins.

La minute signée suivant l'ordonnance Huet. P. Guerin.

(Tabell. d'Argentan.)

(B) 1669 30 janvier, reconnaissance du contrat de mariage, fait, sous seings privés, le 26 juillet 1666 entre Jean Bence, fils de feu Jean, et de Jeanne Lecerf, bourgeois d'Argentan. — Et Anne Gabriel, fille de feu Maurice Gabriel, architecte, et Catherine Richard, bourgeois d'Argentan ; la dite Catherine Richard, mère de la dite fille, tant pour elle que pour *Jacques, Maurice, Jean Gabriel, architectes bourgeois de Paris* ses enfants, a promis donner et payer aux dits futurs mariés la somme de huit cents livres avant les épousailles pour tout et telle part que la dite fille eust pu prétendre aux successions de ses père et mère et en outre la somme de deux cents livres, dont la dite fille est saisie qu'elle avoit amassée de son bon ménage, et davantage la dite Catherine Richard a promis donner aux dits futurs mariez, un lit fourny, les habitz de noces de la dite fille, une paire d'armoire et un trousseau a la disposition de la mère de la future.

Signé : Michel Bence, prêtre, frère ; Anne Gabriel ; Bence ; Ch. Bence, frère ; Lecerf ; Letort ; Gabriel ; Gabriel (signatures de Jacques et Maurice Gabriel, frères de la future). (Tabell. d'Argentan.)

(C) Y 4062. Archives nationales. Émancipation Gabriel. Les 21 et 27 février 1697.

L'an mil six cent quatrevingt dix sept, Le vingt̊ jour de Février, par devant nous, Louis Pasquier, conseiller du Roy en ses conseils, lieutenant particulier de la Ville et Prevosté, et Vicomté de Paris, sont comparus : Maurice Gabriel, agé de dix-neuf ans passés, et Marie Anne Gabriel agée de dix-sept ans, ou environ, enfants de Maurice Gabriel, architecte ordinaire du roy, et de defᵗᵉ dame Denise Levé, son épouze, lesquels nous ont dit qu'ils ont convoqué, et fait assembler ce jourd'huy par devant nous, les parents et amis pour donner leur advis, tant sur l'entérinement des Lettres de benefice d'aage par eux obtenues en Chancellerie, le cinq Janvier dernier, signées par le Conseil et scellées, que eslection d'un curateur à leurs causes et actions, lesquels sont à cette fin comparus, sçavoir : Le dit Maurice Gabriel père ; sieur Jacques Gabriel, architecte des batiments du roy, oncle paternel ; Jean Levé, Directeur de l'Hospital général, grand oncle maternel ; Gaspard Levé, bourgeois de Paris, oncle maternel ; Nicolas Hubert, marchant, bourgeois de Paris, aussi oncle maternel ; François Gabriel, conseiller du Roy, Receveur des Tailles en la Généralité de Paris et Payeur des rentes de l'Hostel de cette Ville, cou-

sin issu de germain [1] paternel, et Gilles de Juigné, allié, tous par Maitre
Jean Tricot, Procureur en cette Cour, fondé de leur procuration passée,
par devant Lange et Savalette, notaires à Paris, le huit du présent mois
demeuré annexé à ces presentes, auquel Tricot au dit nom avons fait
faire serment de nous donner bon et fidel advis sur ce que dessus, et,
après le dit serment fait, nous a dit, pour et au nom de ses constituants,
qu'ils sont d'avis de l'entérinement des dites Lettres et qu'ils nomment,
pour curateur aux causes et actions des dits impétrants, la personne du
sieur Jean Levé, leur oncle maternel, marchant, bourgeois de Paris.
Sur quoy nous disons que les dites Lettres de bénéfice daage sus dattées
sont intérinées et les intérinons selon la forme et teneur...

(D) Y. 4060 (Archives Nationales). *Avis Gabriel.*

1699 Le 23 X^bre Par devant nous, Jean Lecamus, sont comparus les
parents et amis de Thomas Augustin Gabriel et Jean Baptiste Gabriel,
enfants mineurs de déf. sieur Jacques Gabriel, vivant architecte et juré
expert, entrepreneur des batiments, et de D^lle Anne Fontaine, jadis sa
femme, les dits mineurs émancipés procédant sous l'autorité de Jacques
Jules Gabriel, bourgeois de Paris, leur frère ainé et curateur scavoir : Le
dit Jacques Jules Gabriel, D^lle Anne Gabriel, fille majeure, frère et sœur
des mineurs ; Maistre François Gabriel, conseiller du Roy, Receveur des
Tailles en l'Election de Paris et Trésorier des batiments du Roy, cousin
paternel ; Gilles de Juigné, escuier ; Maistre Pierre Guillaume Moreau,
prestre ; Toussaint Claude Dayes, bourgeois de Paris, cousins maternels ;
Maistre François Hervé Dubois bourgeois de Paris amy.

La dite (Anne Fontaine), veuve, dit qu'il se présente quelques particuliers pour acquerir l'Office de juré expert, dont le dit defunt son mari
était pourvu, duquel il appartient les deux huitièmes aux dits mineurs sus
nommez desquels elle ne peut disposer sans l'avis de leurs parents et
qu'il est nécessaire de leur eslire un tuteur à cet effet, et, après le dit serment fait, ...sont d'avis d'élire la dite demoiselle veuve tutrice des dits
Thomas Augustin, et Jean Baptiste Gabriel, ses enfants mineurs, à l'effet
de vendre à qui bon luy semblera et au meilleur prix, charges et condi-
tions que faire se pourra, conjointement avec elle ses autres enfants
majeurs, le dit Office d'expert Juré et entrepreneur de batiments, dont le
dit défunt son mari était pourvu...

---

[1] François Gabriel était cousin issu de germain avec Maurice Gabriel le père ;
c'est sans doute ce que le scribe a voulu dire, car Marie Delisle, veuve de
Jacques IV Gabriel, dit elle-même que Jacques III, qui cautionna son mari, était
son cousin ; de là il suit que son fils serait cousin seulement avec les enfants de
Jacques III et de Maurice, son frère.

(E) 1651 (25 septembre). Reconnoissance, devant les tabellions d'Argentan, du contrat de mariage fait le 24 Aoust 1651.

Furent présents Catherine Richard, veuve de Maistre Maurice Gabriel, architecte, vivant bourgeois d'Argentan, d'une part, et Guillaume Letort, architecte, aussi bourgeois d'Argentan, d'autre part.

Lesquelz ont recognu, leurs seings aposez au bas du traité de mariage cy après inséré à eux leu et communiqué ont dit qu'il était véritable, promettant l'entretenir en tout son contenu. Ce fait, la dite dame veuve a promis livrer toutes fois et quand au dit Letort, pour le trousseau a luy promis par le dit traité, les meubles qui ensuivent, à sçavoir : Un lit fourny de couette, traversier, oreilliers, paillasse, un ciel de lit avec les rideaux de drap de façon de couleur rouge, la couverture de même estoffe, une douzaine de draps de linge, deux taies d'oreillier de linge et six de l'enfer, douzaine de serviettes à carreau avec le doublier ; une douzaine de serviettes a œuvre ; deux douzaines de serviettes avec six nappes ; une douzaine de chemises à l'usage de fille ; plus demie douzaine désuieure à mains, un plat bassin ; une esguillère ; deux salières ; deux flambeaux ; six grands plats ; six petits ; une douzaine d'assiettes ; un pot ; une pinte de deux tiers ; une chopine le tout destain ; une robe d'estamine ; un cotillon férondine grise, avec une paire d'armoire fermant à clef, et, quant ce tenir, obligèrent les dites parties respectivement tous leurs biens, duquel traité de mariage la teneur suit.

Traitant le mariage qui, au plaisir de Dieu, sera faict en face de Sainte Église Catholique, apostolique et romaine, entre Guillaume Letort, maistre architecte, fils de feu Sebastien Letort, Maistre architecte, et de Anne André, ses père et mère, bourgeois d'Argentan d'une part — et Louise Gabriel, fille de deffunct Maurice Gabriel, aussy Maistre architecte, et de Catherine Richard, ses père et mère, bourgeois dudit Argentan, d'autre part.

Le dit Letort et la dite Gabriel, sa future espouse, en la présence de leurs parents et amis, se sont donnés la foy et promis s'espouser a la première requisition l'un de l'autre. La dite Richard, tant en son nom que comme tutrice des enfants du dit deffunct son mary et d'elle, a promis donner aux dits futurs mariez, pourveu que le mariage soit faict et accomply, la somme de six cens livres pour tout et telle part que la dite future espouse eust peu prétendre en la succession de ses père et mère, tant mobille que héréditale, et en oultre à trousser ladite fille selon sa condition ; laquelle somme la dite Richard paiera toutes fois et quantes pour ycelle remploiée en rentes ou héritages au nom et ligne de la dite future espouse pour son dot, lequel remplacement se fera par l'advis et consentement de la dite Richard, lorsque le dit Letort aura trouvé lieu d'assurance, et a esté accordé entre les parties qu'en cas que la dite future espouze décédast sans enfants auparavant le dit Letort, icelluy Letort aura à son bénéfice, sur les six cents livres, la somme de deux cents livres et non autrement, parce que aussy, si le dit futur espoux décéda avant la dite fille, elle aura, en exemption de toutes debtes, la somme de six cents livres avec ses bagues et joyaulx, dont elle aura délivrance sans aucune sommation ny interpellation judiciaire et a le dit Letort gagé douaire constumier à la dite demoiselle future espouze. Et, en cas que la dite Richard ne paye la somme de six cents livres dans six mois de la célébration du mariage, elle en paiera l'intérêt aux dits futurs mariés, suivant l'Édit du Roy à commencer du lendemain des dits six mois jusques au jour du remplacement. Faict et arrêté le vingt quatrième jour d'Aoust 1651, en la présence de Maistre Maurice Letort, prêtre, frère du futur espoux, Thomas Potier, Jean Bouvier, Jean, André et Thomas Lecerf fils, André Facet, Jean et André Duno aultres parents et amys soubsignés.

Signé Letort, — Letort, — Louise Gabriel, — Catherine Richard, — Facet, — Lecerf, — Gabriel, — Jean Duno, — Potier, — Anne Richard, — Billard, — Gabriel, et deux mères aprouvées, la mère du dit Jean Bouvier, et, la seconde, la mère de Marie Duno, ayeulle de la dite fille. Et quant à la dite recognaissance et a tout ce que dit est tenir obligèrent les dites parties respectivement tous leurs biens, comme cy dessus est dit, presence de *Maistre Jacques Gabriel, architecte,* demeurant à Tours parroisse Saint Pater (St Paterne) en Touraine; Thomas Lecerf Sieur de la Haye, — Thomas Moutier — et Louis Lechevallier, du dit Argentan, tesmoins. (Tabell. d'Argentan.)

(F) Archives nationales Y 12651 [1]. Double du contrat de mariage de def. Jacques Gabriel, Entrepreneur des Bâtiments du Roy, et de Marie Delisle, sa femme, passé devant Pain et Daubenton, notaires, le 14 juillet 1663.

Par devant les Notaires Gardes-notes du Roy notre Sire en son Chastelet de Paris, soubsignez, furent présents en leurs personnes le sieur Jacques Gabriel, architecte des Bâtiments du Roy, demeurant à Paris, Rue Saint Antoine parroisse Saint-Paul, fils de deffunct Jacques Gabriel, vivant entrepreneur des Bâtiments, et de Magdelaine Abraham, jadis sa femme, ses père et mère, pour luy en son nom d'une part. Et le sieur Edme Delisle, Peintre ordinaire du Roy et Maistre peintre à Paris, demeurant à Montesson (Seine-et-Oise, canton d'Argenteuil) estant cejourd'huy

---

[1] Ce registre contient tous les comptes de communauté entre Jacques Gabriel et Marie Delisle. Elle rend tous ces comptes à ses enfants en 1689.

de présent en cette ville, au nom et stipullant en cette partie pour Marie
De Lisle, fille de luy et de Michelle Gautier, jadis sa femme, ses père et
mère, icelle Marie Delisle pour ce présente et comparante de son vouloir
et consentement pour elle, en son nom d'autre part, lesquelles dites parties en la présence et assistés, de leurs parents et amis cy après nommez,
scavoir : de la part du dit Sieur Gabriel, de François Levé, architecte du
Roy, cousin, François Levé, Juré du Roy es œuvres de maconnerie, aussi
cousin; Denise Bourdon, sa femme; et, de la part du dit sieur De Lisle
et de sa fille, d'honorable homme François Mansard, conseiller, architecte
et ingénieur ordinaire des batiments du roy, grand oncle; Pierre Delisle,
architecte, frère; Marie Gautier, veuve de Raphael Hardouin, vivant
peintre ordinaire du Roy, tante; et Julien Hardouin, aussy architecte,
cousin de la dite dame Marie Delisle,

Ont volontairement reconnu et confessé avoir fait, firent et font entre
eulx, de bonne foy, le dit traité de mariage dans douaire, promesses,
conventions et choses qui ensuivent, c'est a scavoir :

Le dit sieur Edme Delisle avoir promis bailler, donner à la dite Marie
Delisle, sa fille, par nom et loy de mariage, au dit sieur Gabriel, qui, de
sa part, la promet prendre pour sa femme et légitime espouze, et le dit
mariage faire et solemniser en face de notre mère Sainte Eglise Catholique, Apostolique et Romaine, dans le plus bref temps que faire se
pourra, et qu'il s'est advisé et délibéré entre eux leurs parents et amis,
sy Dieu et nostre dite mère Sainte Eglise s'y consentent et accordent, pour
au dit mariage estre les dits futurs espoux uns et communs en tous biens
meubles et conquets d'immeubles qui se feront pendant et constant leur
mariage suivant et au desir de la Coûtume de cette Ville, Prévosté et
Vicomté de Paris, ne seront néantmoins tenus des debtes l'un de l'autre
faites et créez avant leur mariage, Lesquelles, sy aucuns il y a, seront
payées et acquittées par celuy d'eux qui les aura faites et crées et sur son
bien, sans que l'autre ny ses biens en soyent tenus ni responsables.

En faveur duquel mariage le dit Sieur Edme de Lisle promet et s'oblige
de bailler et donner à la dite future espouze, sa fille, la somme de six
mille livres tournois, en deniers comptants, sur laquelle somme le dit
futur espoux reconnait et confesse avoir eu et reçeu du dit Sieur Edme
Delisle la somme de trois mille livres tournois, qu'iceluy sieur futur espoux
promet employer, tant à se faire recevoir Maistre Masson en cette Ville de
Paris qu'à ses autres affaires, dont quittance.

Et, quant aux trois mille livres tournois restant, le dit Sieur Edme
Delisle promet et s'oblige les payer et fournir au dit futur espoux la veille
de ses espousailles et bénédiction nuptialle, de laquelle somme de six
mille livres entrera en la dite communauté la somme de cinq mille livres

tournois et les autres mille livres demeureront propres à la dite future espouze et aux siens de son costé et ligne, partant le dit futur espoux a doné et done à la dite future espouze de la somme de deux mille livres tournois de douaire préfix, pour une fois payée, pour en jouir par elle suivant la Coustume de cette Ville de Paris a iceluy douaire avoir et prendre par la dite future espouze sytost qu'il aura lieu sur tous et chacuns des biens, tant meubles qu'immeubles, présents et advenir du dit futur espoux, qu'il est obligez et hypothequez a fournir et faire valloir le dit douaire duquel la dite future espouze jouira à sa caution juratoire, sans qu'elle soit tenue d'en faire demande en Justice. Le survivant des dits futurs espoux aura et prendra par préciput et avant part des biens meubles de la dite « communauté » tels qu'il voudra choisir suivant la prisée de l'inventaire qui en sera faite et sans criée jusqu'à la somme de six cents livres tournois ou la dite somme en deniers comptants au choix et obtion du dit survivant, sera loisible à la dite future espouze, survivant au dit futur espoux, de prendre et accepter la dite « communauté » ou à icelle renoncer, et, y renonçant, reprendre franchement et quittement tout ce qu'elle aura apporté audit mariage, ce que, pendant et constant iceluy, lui sera advenu et eschu, tant en meubles qu'immeubles, par succession, donation ou autrement, même ses dits douaire et préciput tels que dessus, sans estre tenue d'aucunes debtes de la dite « communauté » combien qu'elle eust parlé, s'y fust obligée, ou y aurait esté condamnée, dont elle sera acquittée par les dits héritiers et sur les biens du dit futur espoux, pourquoi elle aura son hypothèque du jour du présent contrat; est et accordé entre les dites parties qu'encor que le décès de la dite future espouze arrive avant la célébration du mariage, le dit futur espoux demeurera deschargé, envers le père et héritiers de la dite future espouze, de rendre et restituer les trois mille livres tournois par luy présentement reçues, lesquelles demeureront et appartiendront au dit futur espoux pour luy tenir lieu d'indemnité des frais qu'il a faits et pourra faire cy après faire au sujet de son dit mariage et pour la bonne amitié que la dite future espouze a dit porter a son dit futur espoux elle a fait et fait par ces presentes donation pure et simple et irrévocable entre vifs et en la meilleur forme que donation peut avoir lieu sans espérance de la pouvoir révoquer, ny aller jamais au contraire a iceluy futur espoux, ce acceptant de la dite somme de trois mille livres par luy cejourd'huy reçeu et pour, sy besoin est, faire insinuer ces presentes tant au Greffe des Insinuations du Chastelet de Paris, que partout ailleurs où il appartiendra dans les quatre mois de l'Ordonnance. Les dites parties ont constitué leur procureur le porteur de ces présentes, auquel ils donnent pouvoir de faire et d'en requérir et retirer acte.

Car, ainsy promettant, obligeant chacun en droit soy, renonçant, fait et passé à Paris en l'estude de Daubanton, l'un des Notaires soubsignez, l'an mil six cent soixante trois, le quatorzième jour de Juillet, après midy, et ont « signé... La minute des présentes est demeurée en la garde « et possession de Daubanton, l'un des Notaires. » Signé *Pain et Daubanton* avec paraphe, ensuite écrit : Et le dit jour, quatorze Juillet au dit an mil six cent soixante trois, sont comparus par devant les notaires Garde-notes du Roy nostre Sire en son Chastelet de Paris, subsignez, le dit Jacques Gabriel et Marie Delisle, à present son accordée de luy, en tant que besoin est, ou seroit autorisée pour l'effet des présentes dénommez en leur contrat de mariage de l'autre part, reconnaissent et confessent avoir eu et reçu du dit sieur François Mansard, aussy y dénommé, à ce present et acceptant, qui leur a baillé, payé, compté, nombré et delivré, réellement comptant, présens les notaires soubsignez, en Louis d'argent et aultre monnoye, le tout bon et ayant cours suivant l'Ordonnance, la somme de trois mille livres tournois, de laquelle le dit Mansard fait don à la dite Marie Delisle pour l'affection qu'il lui porte et en faveur de son mariage avec le dit sieur Gabriel, de laquelle somme de trois mille livres tournois les dits Gabriel et Marie Delisle remercient le dit sieur Mansard, au moyen duquel present payement le dit Gabriel et Marie Delisle ont quitté et déchargé avec et plain par les présentes le dit sieur Edme, aussy nommé au dit contrat de mariage, à ce présent, de pareille somme de trois mille livres tournois, faisant moitié et restant de six mille livres tournois qu'il s'estoit obligé de bailler à la dite Marie Delisle en faveur et par le dit contrat de mariage, attendu que le dit sieur Mansard n'a fait le don de la dite somme de trois mille livres qu'en considération de la présente descharge et sans que la dite descharge puisse préjudicier en faveur de quelconques au dit sieur Gabriel et Marie Delisle, lorsqu'ils viendront un jour avec Pierre Delisle, frère de la dite Marie Delisle, au partage des biens qui leur pourront eschoir par la succession future du dit Edme Delisle... Faict et passé à Paris en la maison du dit sieur Mansard, seize (sise) Rue Payenne, Marais du Temple, l'an et jour sus dits après midy, et ont signé.

La minute des presentes estant en suite de celle du mariage le tout demeure au dit Daubanton notaire. Signé Pain et Daubanton avec paraphe.

Extrait des registres du Parlement.

(G) Pièces originales. 1261-28.260. Bibliothèque nationale.
Entre Anne Morillon, Vᵉ de def. Jacques Gabriel, vivant architecte

d⁺ à S⁺ Pater, appelant d'une sentence rendue par le Prevost de Paris ou son Lieutenant-civil, le 21ᵉ jour de janvier 1689, d'une part; et Charles Gabriel, Maistre masson à Paris, enfant du dit def. Gabriel Jacques et de la dite Morillon, ses père et mère, intimé avec part, Et entre Pierre Gabriel, François Gabriel, et Thomas Perrotin, et Magdelaine Gabriel sa fem., les dit Gabriel aussy enfants du dit défunt Jacques Gabriel et de la dite Morillon, leurs père et mère, demandeurs en requeste d'intervention, du 26 Mars 1689, aussy. d'une part, et la dite Anne Morillon et le dit Charles Gabriel, deffendeur d'autre part,

Et encore entre le dit Charles Gabriel, demandeur en requete du 5 Xᵇʳᵉ 1689 d'une part et les dits Pierre, François Gabriel, Thomas Perotin et Magdelaine Gabriel, sa fem. deffendeur d'autre part après que *Ritourneau*, Advocat pour les appelants et intervenents et de La Fellonnière, Advocat pour l'intimé et deffendu ont esté ouui, la Cour, du consentement des partyes, les renvoye par devant leurs advocats pour en passer par leur advis, qui sera reçu par forme d'appointement, deppens reservés. Fait en Parlement, le 5 Xᵇʳᵉ 1689. Signé Du Tillet, Masson. Au dos, 1ᵉʳ Arrest du 5 Xᵇʳᵉ 1689 entre Anne Morillon, Vᵉ de def. Jacques Gabriel, vivant architecte, d'une part, Contre Charles Gabriel, Mᵉ Masson son fils. 2ᵉ Arrest du 22 Xᵇʳᵉ 1689 entre les parties.

Extrait des registres du Parlement.

Entre Anne Morillon, Vᵉ de def. Jacques Gabriel, vivant architecte à S⁺ Pater, appellant d'une sentence rendue par le Prévost de Paris ou son Lieutenant-civil, le 2 janvier 1689, d'une part et Charles Gabriel, Mᵉ Masson à Paris, enfant du dit def. Jacques Gabriel et de la dite Morillon, et entre Pierre Gabriel, François Gabriel, Thomas Perrotin et Magdelaine Gabriel, sa femme, enfants du dit déf Gabriel et de la dite Morillon, leur père et mère, demandeurs en requeste du 26 mars 1689, à ce qu'ils soient reçues partyes intervenantes sur la dite instance, faisant droit sur la dite intervention, mettre l'opposition elle au néant et mandement debouté.

Le dit Gabriel et sa demande la faisant que suivant et aux termes du testament du 26 janvier 1686, fait par def Jacques Gabriel, leur frère consanguin, la somme de 3000 l. par luy leguée sera partagée entre leur mère et eux comme habituez en la parroisse de S⁺ Pater ou environs et condamné le dit Charles Gabriel aux dépens aussy d'une part; et la dite Anne Morillon, Vᵉ du dit def Jacques Gabriel père et ledit Charles Gabriel leur fils deffendeurs d'autre part.

Et, entre le dit Charles Gabriel demandeur en requete du 5 Xᵇʳᵉ present,

mais contenant les deffauts contre la dite intervention à ce que l'arrest
qui interviendra sur l'appel soit declaré commun avec eux, d'une part, et
les dits Pierre, François Gabriel, Thomas Perrotin, et Magdelaine Gabriel,
sa fem deffendeurs Marchais pour Morillon et Gabriel a demandé la reception de l'opposition. signé de *Maistre de la Fellonnière* et *Retourneau*,
advocats des partyes, pardevant lesquels ilz avoient esté renvoyez de leur
consentement par arrest du 5 du présent mois.

La Cour ordonne que l'appointement sera reçu suivant icelluy recueil
les dits Pierre, François Gabriel, Perrotin et Magdelaine Gabriel sa femme,
partyes intervenantes, faisant droit sur l'apel et intervention, a mis à nul
elle donc a este appelée à neant et mandant deboutte le dit Charles Gabriel
de sa demande en délivrance de legs ; en conséquence, ordonne que, suivant le testament du dit Jacques Gabriel, la somme de 3000 l. en question sera partagée entre la dite Morillon, Pierre et François Gabriel et le
dit Perrotin dépens compensez. Fait en Parlement le 20 X^bre 1689.

(H) Double des lettres d'esmancipation obtenues en chancellerie par François, Jacques, Claude, et Marie Anne Gabriel, enfants de deffunt Jacques
Gabriel, architecte et entrepreneur des bastiments du Roy et de dame
Marie Delisle, leur père et mère et des sentences d'Entherinement d'icelles,
la première desquelles du vingt-neuf juillet mil six cent quatre vingt six,
concernant leslection faite de la personne de la ditte dame de Lisle, pour
tutrice aux dits Claude, et Marie Anne Gabriel et Eslection de curateurs
aux autres esmancipez[1].

Louis par la grâce de Dieu Roy de France et de Navarre a nostre presvost de Paris ou son lieutenant civil salut de la partie de nos amez, François Gabriel aagé de vingt deux ans, et Jacques Gabriel aagé de dix neuf
a vingt ans, enfants de deffunt Jacques Gabriel, architecte ordinaire et
entrepreneur de nos bastiments et de dame Marie De Lisle, leur père et
mère, nous a esté exposé qu'à present qu'ilz ont atteintz le dit aage ilz
sont capables d'avoir le régime en gouvernement et admortissement de
leurs biens pour en jouir sestant toujours bien honnestement comportez
et gouvernez nous supliant leur vouloir sur le pouvoir de nos lettres a
ce necessaires, pour ce est-il ; que nous desirant subvenir aux exposants
suivant l'exigence de ce cas vous mandons que la plus grande et seine
partie des parents et amis des dits exposants tant paternels que maternels,
appellées tous iceux ouyes autant que suffire doivent, s'il vous appert que
les dits exposants ayent atteintz le dit aage qu'ilz soient capables de gou-

[1] Dans le compte de tutelle, il est dit que Jacques Gabriel tomba malade le
15 juin et mourut le 18 juillet suivant.

verner leurs biens, vous en ce cas souffriez et permettiez que les dits exposants jouissent du revenu de leurs dits biens tout ainsy que s'ils avoient L'aage de majorité dont nous les avons dispensez pour ce que dessus à la charge neantmoins qu'ils ne pourront vendre ny alliener leurs dits biens immeubles qu'ils n'oyent atteint laage de majorité, Car tel est nostre plaisir donné à Paris le vingtiesme jour de Juillet Lan de grace mil six cents quatre vingt six de nostre regne le quarante quatre, par le conseil, signe Rillart avec paraphe, et au dos est escript, scellé le vingtiesme Juillet mil six cents quatre vingt six, avec paraphe P.-A Tous Ceux que ces presentes lettres verront Charles Denis de Bulloin chevalier marquis de Gallardon seigneur de Bonnelles et autres lieux, conseiller du Roy en tous ses conseils Presvost de la dite Prévosté et vicomté de Paris salut faisons scavoir que l'an mil six cents quatre vingt six le vingt neufviesme jour de Juillet veu par nous Jean Le Camus Chevalier conseiller du Roy en tous ses conseils maistre des requestes ordinaires de son hostel et lieutenant civil de la ville et Prevosté et Vicomté de Paris Les lettres du Roy en forme de benefice d'age données à Paris le vingtiesme jour de ce present mois et an, signées par le conseil Rillart et scellées obtenues et impetrées par François Gabriel aagé de vingt deux ans et Jacques Gabriel aagé de vingt ans enfants de def Jacques Gabriel architecte ordinaire et entrepreneur des Bastiments du Roy et de dame Marie de Lisle son epouse a present sa veuve, par lesquelles lettres et pour les causes y contenues Sa Majesté nous auroit mandé qu'appellez par devant nous les parents et amis desdits impetrants et que si par leur dire temoignage et advis il nous apparoissoit qu'ils eussent atteint les dits aages et fussent capables de Regir et gouverner leurs personnes et biens, nous en ce cas eussions a leur en bailler et commettre ladministration, et gouvernement, suivant et aux fins desquelles lettres, les dits impetrants les ont fait convoquer et assembler a ce jourd'huy par devant nous pour donner leur advis tant sur l'enterrinement des dites lettres, delection d'un curateur a leur causes et actions que d'un tuteur et un subrogé tuteur qu'il convient aussy faire à Claude Gabriel aage de dix sept ans et damoiselle Marie Anne Gabriel aagée de quatorze ans leur frère et sœur pour doresnavant regir et gouverner leurs personnes et biens lesquels sont a cette fin comparus scavoir la dite veuve Gabriel mère, Jacques Gabriel architecte entrepreneur des Bastiments du Roy cousin paternel, Charles Gabriel architecte entrepreneur des Bastiments du Roy oncle paternel, Pierre de Lisle Mansard aussi architecte entrepreneur des bastiments du Roy oncle maternel, Maurice Gabriel aussi architecte entrepreneur des Bastiments du Roy cousin paternel, Jules Hardouin Mansard escuyer conseiller du Roy et son premier architecte chevalier des ordres militaires de Nostre dame de Mont-Carmel et de

Saint Lazare de Jérusalem et Jacques Rillart escuyer con⁺ʳ secretaire du Roy amis tous par maistre Denis Leroy procureur en cette cour fondé de leur procuration passée par devant Guichard et Savalette notaires en cette cour le vingt sixième jour des presents mois et an. Laquelle il nous a fait apparoir et à luy rendue, auquel avons fait faire serment de nous donner bon et fidel advis sur tout ce que dessus, et après le dit serment fait nous a dit pour et au nom de ses constituants, qu'ils sont d'advis que les dites lettres de benefice d'aage obtenues par les dits François et Jacques Gabriel soient intérinées selon leur forme et teneur, et que le dit Jacques Gabriel entrepreneur des Bastiments du Roy leur cousin leur soit esleu et nommé pour leur curateur et que la ditte veuve Gabriel soit esleue et nommée pour tutrice a la personne et biens des dits Claude et Marie Anne Gabriel ses enfants. Et le dit Gabriel cousin pour subrogé tuteur, Excepté pour La ditte Veuve mère et Jacques Gabriel qu'ils se rapportent a justice et aux dits parents pour L'enterrinement des dites Lettres de nommination et Eslection cy dessus. Sur quoy nous disons que les dites lettres de benefice daage sus dattée sont Enterinées et les Enterrinons selon leur forme et teneur pour jouir par les dits François et Jacques Gabriel impetrants de Leffet et contenu en icelles, a la charge toutte fois qu'ils ne pouront vendre ny engager aucunes choses de leurs immeubles tant que leur minorité durera pendant laquelle

Ordonnons que le dit Jacques Gabriel leur cousin demeurera curateur a leurs causes et actions, comme aussi disons que la dite veuve Gabriel est et demeurera tutrice aux dits Claude et Marie Anne Gabriel ses enfants, et le dit Gabriel leur cousin pour subrogé tuteur et donnons Lettres au dit Le Roy de ce qu'il a pour en vertu de leur pouvoir pris et accepté les dites charges et fait au dit nom le serment accoustumé en tesmoing de quoy nous avons fait sceller les présentes qui furent faites et données au Chastelet de Paris par nous juge sus dit le dit jour et an que dessus, collationné signé Hindré avec paraphe.

Suivent les autres lettres d'emancipation de Claude Gabriel âgé de dix huit ans du 8 janvier 1687 elles furent Enterrinées le 25 janvier suivant mêmes parents et de plus Michel Hardouin conseiller controlleur général des Bastiments du Roy cousin. — Les lettres de Marie Anne Gabriel agée de 15 ans. Le 31 janvier 1688 les parents sont reunis pour l'Enterrinement. En 1689 le 7 septembre François Gabriel a present majeur a esté eslu curateur des sieurs et Dⁱˡᵉ Gabriel emancipez d'age pour ouir le compte de tutelle et de communauté d'entre le sieur Gabriel leur père et Marie Delisle leur mère Jacques Gabriel était curateur, de Jacques Gabriel pourvu de la charge de controlleur general des Bastiments du Roy, et de Claude mousquetaire... Maurice et Jacques Gabriel curateurs des emancipez ont refusé d'assister en cette qualité a la reddition des comptes de Marie Delisle. Le 16 7ᵇʳᵉ 1689 une sentence fut rendue pour obliger les enfants de Marie de Lisle Vᵉ de Jacques Gabriel, d'entendre les comptes qu'elle veut bien leur rendre. François Gabriel est majeur, et les emancipez d'age agissent sous son autorité. Denise Gabriel avait épousé Jean Rillart du vivant de son père et eut en mariage 60,000 livres. L'inventaire fait après le décès de Jacques Gabriel fut commencé le 18 Aout 1686. Les émancipez touchaient chacun 1500 l. de rente.

(I) 1 chapitre. Dépence à cause des frais funéraires et inhumation du dit deffunt sieur Gabriel, messes, deuil, visites de médecins chirurgiens et autres dépence faite, et exécution de son testament olographe, du 25 janvier 1686, déposé pour minutte a Savalète, notaire, le 18 juillet ensuivant.

Premièrement, fait dépence de la somme de deux cents dix neuf livres pour le convoy, service et enterrement du dit feu sieur Gabriel, suivant le mémoire, au bas duquel est la quitance du Receveur des convois de St-Paul, signé Coignard, du 11 décembre 1686. Cy . . . . . 219 livres.

II. Item fait dépence de cent quarante et une livres, 10 sols, pour les droits de l'OEuvre et Fabrique de Sᵗ Paul pour le dit convoy et enterrement suivant le mémoire quittancé, signé : Riblay receveur des dits droits de l'OEuvre du onze Décembre mil six cents quatre vingt six représenté cy. 141 livres 10 sols.

III. Item fait dépence de la somme de quinze livres contenues au memoire des fossoyeurs de St-Paul, quittancé, signé Rangut, du 12 Decembre 1686, représenté cy. . . . . 15 livres.

IV. Item fait dépence de la somme de trois cents livres contenues au mémoire de Seny, Juré-crieur, au bas duquel est sa quittance, du 11 Decembre 1686, représenté cy. . . . . 300 livres.

V. Fait aussi depence de la somme de cent quatre vingt quinze livres, six sols, pour le Luminaire du dit feu sieur Gabriel, par quittance au bas du mémoire de fourniture signé de la veuve Le Long, du 14 Novembre 1686, représenté cy. . . . . 195 livres.

VI. Fait aussi dépence de la somme de treize livres pour ce qui a esté donné aux Religieuses de l'Ave-Maria par Mademoiselle Sevignan pour le bout de l'an du dit def sieur Gabriel, suivant le registre de la dite dame, cy. . . . . 13 livres.

VII. Fait aussi dépence de la somme de vingt deux livres quatorze sols, pour le luminaire du bout de l'an par quittance, signé Fremont, estant au bas du mémoire de fournitures du huit janvier 1688, représenté cy.
22 livres 14 sols.

VIII. Item fait dépence de la somme de quarante deux livres pour la rétribution de septantes messes, dites aux Jacobins pour feu Monsieur Gabriel, suivant la quittance du sacristain du 21 Aoust 1686, cy. 42 livres.

IX-X-XI. Item fait dépence de la somme de neuf livres pour messes dites à Villeneuve (St Georges) pour le dit feu sieur Gabriel, suivant ce qui est escrit sur le registre de la ditte dame. Les articles X et XI comprennent le deuil de la dite veuve et de ses enfants, et montent à 1703 livres six sols.

XII. Item fait depence de la somme de trois cents livres payée au sieur de La Viollière, procureur fondé de procuration des... Gabriel, habituez à St Pater en Touraine, a compte d'une somme de six mil livres à eux leguée par le testament olographe du dit feu sieur Gabriel, leur frère, en datte du 25 janvier 1686, déposé pour minute à Savalette, notaire, le 18 Juillet ensuivant, ainsi qu'il est porté par quittance du 5 Aoust 1687, représentée avec la dite procuration ; cy. . . 300 livres.

XIII. Item, fait aussy depence de deux mil sept cents quatre vingt seize livres, douze sols, six deniers, d'une part, composée de deux mil sept cents livres de principal, payée sur les cinq mil sept cents livres restant des dites six mil livres léguez au dit sieur Gabriel de Touraine, ainsy qu'il est dit cy dessus, et en quoy les enfants du dit feu sieur Gabriel ont esté condamnez par sentence du Chastelet, du treize Juillet 1688 ; quarante et une livre, douze sols, six deniers, pour les intéretz des dites deux mil sept cents livres depuis le sept avril au dit an et adjugées par la dite sentence jusqu'au jour de la quittance cy après, et soixante quinze livres pour depuis. Le tout suivant la quittance donnée au Sieur et Dame de Juigné par Maistre Thomas Marchais, Procureur en la Cour fondé de la procuration des dits Gabriel de Touraine, passée devant Savalette le premier Octobre au dit an, avec la dite procuration, et quatre livres dix sols d'autre part pour frais de saisies non compris aux dits dépens, payées au dit Marchais, comme il l'a reconnu par la dite quittance, dont Expédition et de la dite procuration et mémoire de dépens quittancé sont représentés les dites deux sommes de 2796 livres 12 sols six deniers et quatre livres dix revenant ensembles à celle de 2801 liv. 2 sols 7 deniers.

XIV. Item fait dépence de la somme de cent livres, faisant moitié de celle de deux cents livres, léguée par le dit deffunt Gabriel, par son dit testament, pour estre employées aux besoins de la Compagnie de la Charité de la Parroisse St Paul, payée au sieur Balunet secretaire de la dite Compagnie, suivant sa quittance du 21 Juillet 1686, representée, l'autre moitié de la dite somme estant confuse en la personne de la dite dame comme payée des deniers de la communauté auparavant l'inventaire.

XV. Item fait dépence de pareille somme de cent livres, faisant moitié

4

de celle deux cents livres qui ont esté employées, sçavoir cent livres pour trois marmittes, et pareille somme de cent livres en pain et argent aux pauvres le jour du service du dit feu sieur Gabriel, le tout en exécution de son dit testament, et par la quittance de Catherine Bliard, fille de la Charité de St Paul.

XVI. Fait aussi dépence de la somme de cent huit livres pour la restribution de trente sols par mois chacun, à Mademoiselle Desjardins et Madame Gautier jusqu'au dernier juin 1689 ainsy ordonnée par son testament.

XVII. Fait aussi depence de la somme de six cents onze livres, cinq sols, qui ont esté distribuez à plusieurs pauvres, suivant que l'ordonne le dit feu sieur Gabriel par son testament et suivant le mémoire de distribution, commençant le six septembre 1686 et finissant au mois de Decembre ensuivant.

XVIII. Item fait depence de la somme de trente quatre livres dix sols faisant moitié de 69 livres, qui ont esté données à Monsieur Dieusivoye, Médecin, pour visites rendues pendant la maladie de Monsieur Gabriel, par sa quittance du 4 Avril 1687.

XIX. Fait aussi dépence de la somme de quarante deux livres dix sols, faisant moitié de celle de quatre vingt cinq livres pour remèdes fournis au dit sieur Gabriel par Monsieur d'O, apoticaire, pendant sa maladie, suivant sa quittance du 13 juin 1689.

XX. Item fait dépence de la somme de 1038 livres, 6 sols, 7 deniers, payés par la ditte dame rendante au sieur Charles Moynerie, Procureur de D[lle] Claude Riverin, veuve René Bourgoin, ayant droit par transport de Jean Morillon et Marie Gabriel sa femme, sçavoir 1000 l. sur les trois mil livres du legs fait à la dite Marie Gabriel par le dit deffunt et 38 livres, 6 sols, 7 deniers, pour les interetz à compter du jour de la Toussaint 1688 jusqu'au jour de la quittance, qui a esté baillée devant Savalette et Lange, le 6 aoust 1689.

XXI. Item fait dépence de la somme de cinq cents cinquante neuf livres, onze sols, neuf deniers, payés à maistre Thomas Marchais, Procureur en Parlement, fondé de procuration des dits Jean Morillon et Marie Gabriel, sa femme, sçavoir cinq cents livres de principal pour le restant des dittes trois mil livres, léguez à la ditte Marie Gabriel, et cinq[c] neuf livres, onze sols, 9 deniers, pour les intérest qui estoient deubs, de rester du sus dit legs, jusqu'au jour de la quittance, qui en a esté baillez par le dit Marchais par devant les dits Savalette et Lange, notaires, le 18 aoust 1689.

XXII. Item fait dépence de la somme de seize cent douze livres, dix sols, scavoir quinze cents livres restant deuës a la veuve et enfants de deffunt Jacques Gabriel, architecte à St Pater, de la somme de trois mil livres faisant moitié des six mil livres à eux leguez par le dit deffunt par le sus dit testament, en quoy les ayants sont condamnez par sentence du treize Juillet mil six cent quatre vingt huit, et cent douze livres dix sols pour les interets de la ditte somme adjugez par la ditte sentence et eschue depuis le sept Avril mil six cent quatre vingt huit jusqu'au sept du present mois de Novembre.

XXIII. Item fait dépence de la somme de quinze mille livres qui ont esté payez au sieur de Lisle Mansard pour le legs à luy fait par le dit deffunt sieur Gabriel par son testament et ordonnance de dernière volonté, ainsy que du dit payement il appert par acte, en forme de compte fait avec luy, du 5 avril 1689.

XXIIII. Item fait dépence de la somme de cent deux livres, faisant moitié de celle de deux cent quatre livres 10 sols à maistre Savalette, notaire, pour ses vacations, inventaire...

XXV. A Naury, pour ses vacations pour la prisée des meubles aux orfevres et libraire qui ont esté appelez pour la prisée des dites choses; en tout 25 livres 10 sols.

XXVI. Item, fait dépence de la somme de treize livres, treize sols, déboursés par la rendante pour la tutelle des ayant... comme il appert par la quittance de Maistre Le Roy, du 1er aoust 1686.

(J) A la reddition des comptes de Marie Delisle à ses enfants au chapitre des dépenses se trouve une somme de 150 livres, pour les frais et salaires de Carman huissier et ses assistants, qui ont eté par deux fois en garnison chez la dame rendante par ordre de M. de Louvois pour les causes mentionnées aux procès verbaux du dit Carman des 16 Mars, 18 Avril, 22 Juin 1688. Laquelle a evaluez la nouriture du dit Carman et ses assistants pendant neuf jours qu'ils ont été en garnison chez elle à 65 livres.

Cette garnison avoit été trois fois établie chez les dits sieur et dame de Juigné pour le paiement de 41610 livres 19 sols 9 deniers pour pretendues erreurs de calcul au prejudice de Sa Majesté. Les sieur et dame de Juigné pour éviter de plus grands frais et ne pas s'attirer l'indignation du ministre, qui eust sans doute tombé sur la famille et pour en conserver la bonne réputation du consentement des dits enfants et du conseil de parents et amis, en datte du 23 mars 1688 auroit payé d'abord 24000 livres. Quelque temps après ayant encore été poursuivis pour le reste et la garnison de nouveau rétablie chez elle ce qui lui couta considerablement chaque jour aurait fini de payer. (Archives nationales Y, 12651.) C'est pour ces erreurs que Maurice II Gabriel architecte entrepreneur des Bastiments du Roi associé avec Jacques IV Gabriel, paya 11000 livres pour reglement de compte de tout ce qu'il avoit entrepris avec Jacques Gabriel, époux de Marie Delisle.

Marie Delisle eut aussi différents procès à propos de la continuation des travaux du Pont Royal que son mari avait entrepris, et nous savons par ses observations, lors de la reddition de ses comptes, que c'était Jacques Gabriel, le frère de Maurice, qui cautionna son mari.

Voici le passage qui a trait au Pont Royal :

Pour la sureté de la dite entreprise en execution duquel arrest le dit sieur Gabriel auroit presenté pour ses cautions : *Maistre Jacques Gabriel, architecte du Roy, son cousin ;* Maistre Pierre Delisle aussi architecte et Ponce Cliquin charpentier des batiments du Roy, qui auroient été reçues et faict les submissions par un autre arrêt du mois d'Avril suivant. Au moyen de quoy le dit sieur Gabriel auroit travaillé et fait travailler à la construction du dit pont jusqu'au jour de son décès. Depuis lequel la dite veuve auroit fait son possible pour se faire decharger, elle et ses enfants, de cette entreprise mais elle n'en a pu venir à bout ; au contraire on lui auroit ordonné de continuer jusqu'à la perfection du dit pont qu'elle auroit fait achever aidée de Pierre Delisle.

Des augmentations y furent faites pour la somme de cent soixante deux mille livres et la reception en fut faite le 13 Juin 1688 et jours suivants par les sieurs Libéral Bruand architecte ordinaire des batiments du Roy ; Louis Goujon et Frère Romain. Lequel a reconnu que le travail était bien fait, que les culées avoient été pilotées et que le pont offroit toute la solidité désirable, etc... Suit le règlement pour les sommes reçues et ce qui reste à payer. Nous donnons dans la revue de l'*Histoire de Paris* tout ce qui concerne la construction du Pont Royal. Ces pièces, étant assez longues comme rédaction, auraient trop augmenté le présent mémoire.

(K) (L. 1072, Archives nationales, Monuments ecclésiastiques).

Le 25 May 1667 furent presentes dame Magdeleine de St Bernard prieure et toutes les religieuses proffesses de l'ordre de St Bernard, dites Du Sang Précieux, du couvent et monastère situé à St Germain des Prez lès Paris, Rue de Vaugirard, demeurrant congregiées et assemblées en leur grille et parloir ordinaire pour traiter de leurs affaires... d'une part, Et sieur Jacques Gabriel architecte des batiments du Roy et dame Marie Delisle, sa femme, de luy bien et duement autorisée à l'effet de ces présentes, du Rue St Antoine, paroisse St Paul, d'autre part disant les dits Sieur et Dame Gabriel que, pour l'affection qu'ils portent à la mémoire de def. noble homme François Mansard, grand oncle de la dite dame Delisle, vivant conseiller du Roy, architecte et ingénieur de Sa Majesté, et en considération de ce qu'ilz les a rappelez à sa succession, ils ont eu, dès son décès arrivé, comme ils ont aujourd'hui l'intention de fonder en quelqu'église ou Monastère quelques prières a l'intention et pour le repos de son âme. Sachant la grande piété et dévotion des dites Dames Religieuses et se seraient à cet effet adressés aux dites Dames Prieure et Religieuses Bernardines, auxquelles ils auraient communiqué leur dessein, et lesdites parties seraient demeurées d'accord que, par chaque jour de l'année à perpétuité, il serait dit, à l'issue de complies un *De profundis* à l'intention du dit Sieur Mansard. Les dits sieur et dame Gabriel auraient offert 1200 livres, en déduction de laquelle somme le dit Sieur Gabriel déchargeoit les dites Religieuses de la somme de 1185 l. 10 sols, qu'elles lui doivent pour reste des ouvrages de maçonnerie faits par le sieur Gabriel en ladite maison et monastère, décharge par les présentes les dites Religieuses de la dite somme de 1145 l. 10 sols, contenues en la promesse de la dite Dame Prieure, à laquelle par mégarde il n'a esté mis aucune date de jour et d'année, laquelle promesse elles reconnaissent...

(L) Bibliothèque nationale. Pièces originales, 1261. Pierre Petit, bourgeois de Paris, deffendeur, contre Charles Gabriel, architecte des bastiments du Roy, demandeur, en omologation de contrat suivant l'exploit du 21 novembre 1674.

Dit par devant vous, messeigneurs du Parlement, pour deffences contre la dite demande que c'est *Jay* l'exemple de la plus signalée chicanne qui ait jamais esté pratiqué par un mauvais payeur. Le deffendeur, ayant faict bastir une maison à Versailles, auroit eu le malheur de s'adresser au demandeur avec lequel il fait de bonne foy un contract et lui advançast les deniers nécessaires, à la charge de bastir et construire la dite maison, mesme d'achepter le mur mitoyen contre lequel la maison devoit estre bastye; mais au lieu de satisfaire, il auroit abandonné le bastiment du suppliant et retenu ses deniers, en conséquence de quoy il auroit esté obligé, tout de nouveau, d'y mettre des ouvriers et en mesme temps de poursuivre le dit Gabriel à la restitution de ce qu'il auroit reçu, en quoy il auroit esté condamné par plusieurs sentences, mesme confirmée par arrest, et, comme le deffendeur auroit faict procedder par voye de saisye reelle sur une maison qu'il a sise en cette ville de Paris, qu'il poursuit au Chastelet, le dict Gabriel, pour traverser par chicanne, se seroit servy du nom d'un nommé Bailly, son beaupère, lequel, n'ayant pas réussy, il auroit faict succeder a sa chicanne Me Georges Le Prince pr en la cour. Enfin, pour sa chicanne, il auroit faict un contrat avec six ou sept particuliers, ses amis, qu'il suppose ses créantiers lesquels, pour facilliter le payement de leur deub, ils disent qu'ils luy donnent deux ans pour les payer et acquitter ses debtes, qui est une pure cavillation et une intelligence très évidente entre eux, fabriquée par ledit Gabriel pour engager le deffendeur dans le mesme party; mais le dit deffendeur s'estant pourveu contre l'arrest de *desistences* surpris par le dit demandeur sur simple request en consequence dudit contrat il auroit esté *rendu* opposant, par un arrest du 15 février 1675, et les deffences leues et, de plus, par trois autres arrests des 7 février 7 X° 1674, 15 février 1675, même par trois sentences contradictoires, la saisye reelle faicte à la request du deffendeur auroit esté confirmée avec dépens, tellement que le contrat ne peut pas préjudicier au deffendeur. C'est pourquoy il soustient le demandeur non recevable et mal fondé en l'omologation du dit contrat de laquelle il doit estre debouté et condamné aux dépens, lesquels le deffendeur pourra sy bon luy semble employer en frais extraordinaires de cryées.

(M) Archives nationales, X 8719. — Le 3 mars 1718, Notre cher et amé Jacques Gabriel, nostre architecte et controleur général de nos bastiments, jardins, arts et manufactures, nous a très humblement faict representer que par lettres-patentes, du mois de mai 1704, le feu sieur notre Roi, nostre très honoré bisaieul, voulant reconnaitre ses services l'avait annobli. Le Roy confirme cet annoblissement et veut qu'il ne soit point inquiété a cause de l'arrêt de 1716 en considération des services qu'il rend encore.

Ce mémoire a été lu à la réunion des Sociétés des Beaux-Arts des départements, à l'École des Beaux-Arts, dans la séance du 18 avril 1895.

PARIS

TYPOGRAPHIE DE E. PLON, NOURRIT ET Cⁱᵉ

Rue Garancière, 8.

www.ingramcontent.com/pod-product-compliance
Lightning Source LLC
LaVergne TN
LVHW020043090426
835510LV00039B/1381